NO LO INTENTES, HAZLO

SIETE CLAVES DE LA ABUNDANCIA Y LA FELICIDAD PLENA EN PAREJA

Félix Smith Estevez

Félix Smith Estevez

Copyright © **2024 Félix Smith Estevez**

Título: **NO LO INTENTES, HAZLO**
Siete claves de la abundancia y la felicidad plena en pareja

ISBN: 978-1-7381493-0-8

Todos los derechos reservados
Cualquier parte de este libro puede ser reproducida o almacenada en cualquier sistema electrónico, mecánico, de fotocopiado, de almacenamiento en memoria o cualquier otro, o transmitida de cualquier forma o por cualquier medio, solo con el permiso expreso del autor.

DEDICATORIA

Dedico este libro a mis hijos Adam, Heaven y a la generación futura. Quiero que sepan lo que con los años HaShem, Dios, me ha enseñado.

Félix Smith Estevez

ANTESALA

La vida es un regalo precioso, hay que valorarla. En el transcurso de esta vida habrá obstáculos, vendrán unos tras otros con momentos taciturnos y turbios. Es difícil encarar esos cronófagos (ladrones de tiempo), pero recuerda que son apenas una simple y llana manera del universo zarandear a los campeones para recibir el galardón.

Si tienes un sueño, lucha contra viento y marea para alcanzarlo, perfecciónate con disciplina. Soñar nos hace parecernos al Hacedor del universo. No permitas que nada ni nadie te desvíe de tu sueño, pues te llevará a un estado de elevación y serás complementado con la ayuda mejorada de tu pareja. Prepara de modo anticipado tu mejor versión del porvenir creándola hoy porque nadie lo hará por ti. ¡Levántate y hazlo! Que no se turbe tu corazón. Cree en Dios y cree en ti.

No es bueno probar mucho, porque puedes enviciarte y todo vicio destruye. Si quieres triunfar, levántate y realiza los sueños que el universo te encargó

Félix Smith Estevez

Félix Smith Estevez

AGRADECIMIENTOS

Agradezco a todos aquellos que de una manera u otra han contribuido a para que mi vida fuera lo que hoy es. A Mya (Marie Yvenie Ajax) la madre de mis hijos, por su coraje, valentía, comprensión y destrucción y por todo lo que hizo por mí. A Marley, Michael y Pamela Pierre-Louis, los amo. A la familia Ajax en especial Nini la Mya, quien me introdujo en ella; a Lissa Ajax, te quiero de aquí al cielo mi corazón. A Félix Dieulius, Mercinette Augustin, dos grandes piedras angulares de mi existir. Sandra Félix por ser parte de mí alma, a Melda Félix a quien tiene en gloria. Mi amor por tí nunca cambiará. Siempre serás aquella niña dulce y tierna.

A mis hijos Adam-Samaël Smith Estevez, Haeven Yves Félix Estevez mi más precioso regalo de Dios. A mis amigos Rodrigo Vrech, Gildete Cardoso Pereira, Silvania Barbosa, Assé Rochenel, Ramón García, Marie Birotte, Manuel Emilio Estevez, María de regla Florentino, Manuel Estevez, Luciana, David Ambroise, Edens Simervil, Fania Nelson que Dios acoge en su seno, Fioldariza Estevez,

Félix Smith Estevez

Yenica Alexandra Charles, Franyelis Jean Phatal, Élisée Regis, Sadon Jackson, a mis queridos profesores, colegas de trabajo. Y agradezco a Jaime Mujica por su apoyo profesional e incondicional en la maquetación y con sus consejos invaluables. Del mismo modo muy especial a ti querido/a por ser parte de la contribución. Al Todopoderoso Dios por permitirme encontrar gracia a los ojos los nombres mencionados y los no porque la lista sería larga.

Gracias de corazón por aportar su granito de arena.

Gracias de corazón. Siempre que quieras estar bien en esta vida, recuerde hay más bendiciones para quien da que él que recibe; por lo tanto, no intentes, ¡Hazlo!

ÍNDICE

Introducción 15

CAPÍTULO I

    CLAVE UNO: EL AMOR 21

        Lo que no es amor 26

        Ideal del amor romántico 44

CAPÍTULO II

    MI MATRIMONIO 47

        El ser humano está hecho de emociones 50

        Mi matrimonio 51

        Se desmorona el matrimonio 59

        Nuestro primer hijo 70

        Un viaje al pasado 81

        Volviendo de mis remembranzas 95

        La vida anterior de ella 98

        De nuevo a la realidad 103

CAPÍTULO III

    LA PAREJA IDEAL 117

        Cómo ser compatible 123

        Unión de parejas o matrimonio 126

        El matrimonio no es a prueba de fuego ni antisísmico 128

CAPÍTULO IV

    CLAVE DOS: LA FELICIDAD 135

        El falso amor 136

        Cuatro tipos de amor 137

    Dios no es amor 145

    Hacia una definición de la felicidad 146

    El ser humano anhela la felicidad plena 150

CAPÍTULO V

  CLAVE TRES: LA MADUREZ 153

    Crecimiento espiritual, emocional, mental y material 158

    Crisis de aceptación como síntoma de inmadurez 159

    El celo enfermizo como muestra de inmadurez 160

    Mis consejos para liberarse de los celos 164

    Matrimonio versus divorcio 166

    El matrimonio es una entidad 175

    Ser o no ser 176

CAPÍTULO VI

  CLAVE CUATRO: LA ADAPTACIÓN 181

    Creencias mutuas 187

    El secreto místico de la palabra matrimonio 188

CAPÍTULO VII

  CLAVE CINCO: EL PERDÓN 191

    La oración es la respiración del alma 196

    Beneficios de perdonar 197

    La comunicación 203

CAPÍTULO VIII

  CLAVE SEIS: PATRIMONIO Y FINANZAS 209

    La riqueza y la prosperidad en pareja (patrimonio) 210

    Estilo de vida 211

    Dos tipos de riquezas 213

Elementos que contribuyen a la riqueza 213

Mis consejos para ti 227

CAPÍTULO IX

CLAVE SIETE: VIVE TAL COMO ERES 231

El amor de una pareja es equivalente a dos voluntades 239

REFLEXIONES 245

CÓMO SUPERÉ EL DUELO DE LA SEPARACIÓN ... RESCATE DE CRISTO 245

NO LO INTENTES, HAZLO

Félix Smith Estevez

INTRODUCCIÓN

A lo largo de los años he visto frustraciones en matrimonios que toman dramáticas decisiones de separarse por motivos que casi siempre carecen de sentido, como halar la sabana o una flatulencia involuntaria, y terminan traumatizados. He sido testigo de parejas que parecen almas angustiadas. Es lo que me motivó a escribir este libro, quiero mostrar lo que ayudó a otros y a mí cuando todo parecía sin solución.

Me he dado cuenta de que las parejas de esta generación no logran ser felices porque no conocen qué es el matrimonio, para qué se casan, ni el beneficio que les aporta. Saben lo que deben realizar y lo que no; sin embargo, no alcanzan a vivir a la altura de las normas que conocen y viven angustiados por sus constantes errores. Hoy un fracaso, mañana otro y así sucesivamente.

Hay una fuerza misteriosa en su interior que las empuja a lo que no quieren, entonces entra en escena esa voz misteriosa que les dice: "mírate, no vales nada", "tu pareja es un fracaso", "nunca serás como fulano", "¿para qué te casaste?", "¿qué pretendes viviendo esta vida hipócrita que tienes con tu pareja?", "lo mejor es que des rienda suelta a tus decisiones".

Desafortunadamente escuchan esa voz que incita a separarse y comienzan a convivir sin tomar la decisión. Caminan de la mano, viajan juntos y tienen hijos solo para impresionar; saben que el amor se aleja, pero siguen para complacer a los demás, a sus padres, a un amigo o amiga, a la sociedad. Se castigan sin piedad, con hipocresía sin igual, fingen ser felices a la vista del mundo, pero dentro se les desgarra el alma. Lo peor es que pueden llegar a acostumbrarse a tal vida.

Hacen todo lo posible para continuar con su teatro matrimonial, pero sienten que sus cónyuges se han convertido en un monstruo, pierden el interés, el amor se va alejando de su corazón y entra en escena la amargura. Otros optan por el divorcio fulminante como solución. A la par, por alguna extraña razón, comienzan a padecer problemas de salud: depresión, insomnio, etc.

La vida en pareja es para vivirla, no para padecerla y mucho menos para sobrevivirla. Si tu cónyuge quiere dejarte y tienes miedo de perder a tu familia, este libro es para ti. Aún hay solución para los problemas que enfrentas ¡No tires la toalla!

Por medio de este libro quiero compartir las siete claves que cambiaron mi vida, que se había tornado en un torbellino de problemas y pocos meses después de mi matrimonio se habían intensificado más. Si yo lo conseguí, tú también puedes, si así lo deseas. En el transcurso de tu lectura, descubrirás esas siete llaves con las cuales has de abrir las puertas de tu felicidad.

El sueño divino para el individuo, en el plano físico, es que sea feliz y viva en pareja. Esa es, sin lugar a duda, una de las elevaciones más sublimes del hombre, no solo para alcanzar la complementación de su ser, sino la pureza de su alma. Para ello hay que usar las herramientas adecuadas. Las claves están al alcance para que tu vida sea conforme a tu ser. Todo ello es un trabajo individual, pero también en comunión con la persona que tiene tu otra mitad.

La pareja es el núcleo de la sociedad, de ella depende el buen desenvolvimiento de la familia y el equilibrio del mundo. Sin pareja no hay familia, sin esta última no hay sociedad y así sigue el ciclo vital.

Félix Smith Estevez

La grandeza de un país no depende solo de su geolocalización, sino de la elevación mental colectiva de sus habitantes. De la misma manera, la grandeza de toda pareja depende de la elevación de amor de los cónyuges; del apalancado de una mujer y un hombre que se amen a sí mismos e impulsen la fuerza y determinación en pareja para alcanzar riqueza, felicidad y prosperidad. Ahí radica el núcleo de la sociedad. Toda grandeza y hazaña del hombre dependen en gran manera de ese núcleo que irradia su luz al exterior; todo en beneficio de nuestro mundo.

En la ejecución de las siete claves está la fuerza propulsora para alcanzar lo que tu alma desea. Es el propósito de este libro acompañarte para que puedas lograr tu felicidad y alcanzar la solución ideal a tus problemas. ¡Felicidad plena y abundancia!

NO LO INTENTES, HAZLO. ¡Que el cambio en tu vida comience ahora! Emprende el camino real de tu felicidad. Si aplicas esas siete claves obtendrás lo que tu corazón anhela: abundancia y éxito en todo cuanto emprendas. Podrás lograr que tu hogar sea un pedacito de cielo para el disfrute con tu pareja.

Félix Smith Estevez

A través de estas líneas, y desde el fondo de mi ser, quiero ayudarte a tomar de la mano a tu pareja, valorar mejor a esa persona con la cual te casaste y sonreír al caminar por las calles con esa alma maravillosa que llenará tu vida de amor y felicidad. Todo lo que se hace con amor florece, porque al final de cuentas, después de Dios, la familia es lo más importante.

Te invito a meditar en el mensaje de este libro que ha sido escrito con amor, pasión y dirección de Dios. Si decidiste comprarlo es por un propósito. Oro a Dios por ti para que a través de estas páginas encuentres ese propósito. ¡Gracias por llegar hasta aquí! Reitero, no es casualidad. ¡Tú también puedes!

Félix Smith Estevez

CAPÍTULO I

CLAVE UNO: EL AMOR

Nuestra sociedad sueña con la abundancia y la felicidad plena en pareja. La riqueza juega un papel importante entre dos personas que se encuentran en una relación amorosa y la plasman casi como un símbolo de felicidad.

Pero, ¿qué es la felicidad? La definición de la Real Academia de la Lengua Española (RAE) dice lo siguiente:

1. Estado de grata satisfacción espiritual y física.
2. Persona, situación, objeto o conjunto de ellos que contribuyen a ser feliz.
3. Ausencia de inconvenientes o tropiezos.

Sin embargo, para "plenitud", la misma Academia dice lo siguiente:

4. Totalidad, integridad o cualidad de pleno.
5. Apogeo, momento álgido o culminante de algo.

Se supone que quien es feliz goza de un privilegio que tal vez otros no tienen, una "paz mental" como el estado de quien no está perturbado por ningún conflicto o inquietud y disfruta de una paz profunda.

Ahí entra la cuestión del millón. ¿Puede una pareja alcanzar abundancia y felicidad plena solo con la riqueza? Sí, y no, depende de qué tipo de abundancia. No todo lo que abunda es bueno, ni todo lo bueno da felicidad; contribuye, pero podría decir que, irónicamente, está muy lejos de la verdad. Así que la respuesta es "no". Aunque algunas personas pueden ver lo contrario, como María Félix, quien dijo: "el dinero no compra felicidad, pero es mejor llorar en un Ferrari". Como la fallecida actriz mejicana piensan muchos.

Todos buscan lo que les hace falta, pero para alcanzar la felicidad plena hace falta el factor más importante que la RAE no menciona: "el amor". Para ser feliz plenamente se necesita amarse primero, pero la gente no se ama porque simplemente no sabe lo que es el amor propio. Esa palabra, de apenas cuatro letras: **A M O R**, se ha tornado en moneda corriente de nuestra sociedad; en la comunicación cotidiana es maltratada, abusada por la juventud, expresada con desaire por los adultos y apenas balbuceada por los ancianos.

La vida es corta y hay que aprovecharla al máximo, aplica en ella el uso y sentido del amor y no lo superficial que envenena el alma. Ámate con inteligencia, ámate con el alma, ámate con el corazón y ama a tu prójimo como a ti mismo. Aquí comienza la primera clave del éxito. Todas las claves restantes parten de esta primera; amarse sin provocar al otro y sin necesidad de aceptación ni aprobación de nadie.

Pero, ¿cómo amarse a uno mismo? La mayoría de la gente no lo sabe. Amarse es entenderse, comprenderse, cuidarse, y no me refiero a tornarse egoísta, individualista, arribista o publicarse en las redes sociales para ser elogiado por otros. Es usar la inteligencia para conectar consigo y no depender de la inteligencia artificial u otras drogas para ser feliz, aunque resulte más fácil que con solo un clic aparezca el emoticón en rojo.

Muchos quieren alcanzar bienestar con la aprobación de los demás, con los "me gusta", "te quiero" y "te amo". Para ello son capaces de cualquier cosa, hasta renunciar a lo más sagrado de una persona como es su "pudor", por una fama efímera al exponerse en las redes sociales y llorar en un sillón de oro o en un Ferrari, mientras la gloria fugaz se va desvaneciendo. Se lamentan y lloran cuando la conciencia les pasa la cuenta.

¡Está claro! Hemos evocado el amor más en nuestro tiempo que en el de nuestros rebisabuelos, tanto así que a veces pasa a tener una connotación diferente a la de su origen. Uno de los lemas antimilitares de la década de los sesenta en los Estados Unidos proclamaba: *"Make love, not war"*, y rápido se expandió como un virus en el gusto popular de la gente, traducido en múltiples idiomas. A nosotros en español nos llegó como: "Haz el amor, no la guerra".

En sí, tiene gran peso esa frase, para nadie es un secreto que la guerra no deja más que múltiples pérdidas por la dureza del corazón de la gente; ¿de verdad hay amor en quien practica ese tipo de razonamiento? Todos sabemos que la guerra es destructiva, pero podemos responder a cuestionamientos como ¿qué es el amor?, o ¿cómo hacerlo?

"Haz el amor, no la guerra" fue la premisa de la tradición del "amor libre", que buscaba expresar la filosofía civil que pedía a gritos libertad de la regulación estatal y de la interferencia de la iglesia en las relaciones personales. A pesar de que mucha gente de esa época creía en el matrimonio como un aspecto importante de la vida, con el determinado fin de cumplir con "la felicidad humana en la tierra", con los roles de género bien definidos, otros lo veían desde diferente perspectiva.

Aunque originalmente este movimiento no buscaba con el amor libre promover la promiscuidad, fomentar las relaciones sexuales a corto plazo aquí y allá con fulano, zutano y mengano, sino evitar la regulación de la ley frente a las relaciones personales, meses después muchos se habían convertido en papás y mamás sin quererlo, y otros, menos afortunados, terminaron con alguna enfermedad incurable.

Esa corriente llegó hasta nuestra sociedad de hoy. ¿Puedo amar a otro sin amarme a mí? Sí, de hecho, en el mundo sobra esa situación. Pero, ¿qué es hacer el amor?, y ¿qué es el amor propio? La RAE con su diccionario da algunos significados:

1. Sentimiento interno del ser humano, que, partiendo de su insuficiencia, necesita y busca el encuentro y unión en otro ser.

2. Un sentimiento hacia otra persona que naturalmente nos atrae, que procura reciprocidad en el

deseo y unión, se completa, alegra y da energía para convivir, comunicar y crear.

Con esas definiciones en mente muchos salen a experimentar sin antes analizar qué es y qué no es el amor.

Lo que no es amor

La empatía, la atracción física y el deseo desenfrenado de estar con alguien, no son expresiones de amor. De hecho, puede ser que alguien te parezca agradable, incluso disfrutes mucho de su compañía porque te cae bien, pero eso no es amor, es empatía.

Tampoco la atracción física es amor. La fisonomía de alguien puede ser encantadora para ti, despertarte atracción y cautivarte; sin embargo, no es amor, es la ebullición de las hormonas. Igualmente, que alguien o algo te guste y sientas deseos y necesidad de tenerlo no significa amor, es apenas una manifestación de tus instintos que accionan tus emociones, pero es temporal, apenas dura un estornudo.

El diccionario define dos conceptos muy utilizados: empatía y simpatía. Según él, la empatía es fruto de:

1. Un sentimiento identificado con alguien o algo.

2. La capacidad de reconocerse en alguien.

A su vez, la simpatía es:

1. Inclinación afectiva entre personas, a veces a primera vista y mutua.
2. Inclinación afectiva por animales (mascotas) y/o cosas.
3. El carácter y modo de ser una persona, que la hacen atractiva y agradable a la vista de los demás.

Hasta aquí no hemos respondido la pregunta acerca del amor, porque ni la empatía ni la simpatía lo son, aunque puedes pensarlo. No te confundas con la una ni la otra, a la sal y el azúcar refinado solo con la punta de la lengua puedes distinguirlas.

Entonces, ¿qué es el amor? Para entender ese concepto debemos remitirnos a algo inusual que la gente común ignora: acudir a los textos bíblicos; preguntas que hoy nos hacemos, la Biblia ya las había respondido hace siglos. Te garantizo que no pienso adoctrinarte para conocer a Dios, hasta los ateos lo conocen a través de la naturaleza y la palabra, solo que ellos por ser perezosos se quedan con tres letras (A T O) en vez de escudriñar todo el alfabeto. La Biblia no es para entender a Dios, creer o ser religioso, es el manual por excelencia para conocer al ser humano.

Félix Smith Estevez

Veamos lo que dice al respecto del amor el discurso bíblico: *"Ama a tu prójimo como a ti mismo."* Mateo 22:39 (RVR1960). Parece que amarse es una obligación, eso quiere decir que no puedo amar a otra persona si no me amo. Si atento contra mí, ¿me amo? No. Muchos se agreden por borrar un dolor, no porque no se amen; actuar así no es amor propio, más bien dependencia de otro para ser uno mismo.

Hasta ahí todavía no hemos respondido a la pregunta, ¿qué es el amor? Y, por otra parte, la Biblia dice: *"Maridos, amen a sus esposas, como Cristo ama a la iglesia y se entrega por ella."* Efesios 5:25 (RVR1960), lo que da a entender que el amor tiene una fase de entrega.

Veamos lo que dice uno de los autores más prolíficos de la Biblia, el apóstol Pablo:

"El amor es sufrido, es benigno, el amor no tiene envidia, el amor no es jactancioso, no se envanece, no hace nada indebido, no busca lo suyo, no se irrita, no guarda rencor, no se goza de la injusticia. Pero se goza de la verdad. Todo lo sufre, todo lo cree, todo lo espera, todo lo soporta." 1 Corintios 13:4-7 (RVR1960).

Según el pastor Carlos A. Mendoza: "La manera como Pablo ve el amor no ubica a quien ama como una víctima de la persona a quien ama, sino como alguien que tiene la capacidad de aceptar a su ser amado tal como es, y lo sigue amando con todos sus defectos y aun en circunstancias adversas (en la enfermedad y la salud, en la riqueza o pobreza), aunque la persona amada no ame de la misma manera".

Desde luego, ese punto de vista y esa manera de ver el amor está totalmente opuesto a lo que dice la RAE en su definición de amor: "Sentimiento intenso del ser humano que, partiendo de su propia insuficiencia, necesita y busca el encuentro y unión con otro ser. O sentimiento hacia otra persona que naturalmente nos atrae y que, procurando reciprocidad en el deseo de unión, nos completa, alegra y da energía para convivir, comunicarnos y crear".

Está muy claro que ese tipo de amor expuesto por la RAE insta inconscientemente a abandonar una vez cambien las circunstancias, y lo que supuestamente era amor deja de serlo. Da a entender que amamos mientras todo fluye bien, en tanto haya riqueza y salud.

Aunque parezca mentira, esa es la razón de muchos divorcios de parejas que juraron amarse en los buenos y malos momentos. Da la impresión, comparando con lo que el autor bíblico Pablo muestra, que el amor que se siente así, realmente no lo es; nada más hay una persona sin amor, una persona vacía.

"Y si yo hablara lenguas humanas y angelicales y no tengo amor, vengo a ser como metal que resuena o címbalo que retiñe. Y si tuviera profecía y entendiera todos los misterios y toda ciencia, y si tuviera la fe, de tal manera que trasladara los montes y no tengo amor, nada soy..." 1 Corintios 13:1-2 (RVR60).

Las personas que carecen de amor se abandonan o renuncian a quien deberían amar eternamente. No era amor, más bien una búsqueda de satisfacer las propias necesidades y llenar sus vacíos; eso es ser egoísta e individualista, no es amarse y mucho menos amar a su prójimo, pues la pareja debe amarse mutuamente. Para amar a alguien debo amarme primero. Amarse a sí mismo es un mandamiento. Una orden.

Si no quieres que alguien te haga algo, lo ideal es no hacerlo a otro. Abandonar una persona o a tu pareja después de una enfermedad, o por la circunstancia que sea, es una falta gravísima e imperdonable. Recibir y dar un simple presente teniendo abundancia de bienes y cosas preciosas no necesariamente es amor.

Milenios atrás, un hombre ejemplar dijo: *"Un mandamiento les doy, que se amen los unos a los otros. En eso sabrán que son mis servidores, si tienen amor los unos a los otros."* Juan 13:34-35 (RVR60). Se trataba del maestro Jesús, el amor personificado que hablaba con sus discípulos.

El amor es el que nos mantiene vivos y en movimiento. Si no amo mi trabajo, seré siempre un empleado infeliz, si no amo a los demás, no podré jamás ser próspero, por ende, nunca tendré abundancia de cosas buenas, ni en lo material ni en lo espiritual.

Querido lector, permíteme aclarar algo importante: "el amor no se hace". Ese concepto es una distorsión de la sociedad que tuerce todo para confundirnos y manipularnos a su gusto. Nadie hace el amor. Podemos tener relaciones sexuales con alguien, sí, pero no es hacer el amor. Muchos para acostarse con una persona son capaces de conquistar y proponer matrimonio solo para tener experiencias sexuales.

Los famosos son especialistas y hasta parece que siguen un guion, instados para actuar así, hablar así, para servir de ejemplo a la masa. Se casan por casarse y se divorcian al día siguiente; todo con el fin de que el verdadero sentido del amor desaparezca del entendimiento. Para algunos, su comportamiento es digno de imitar y salen por ahí teniendo sexo desenfrenadamente y sin precaución, sin saber los peligros que este acto puede traer a la vida.

¿Es normal? No, el amor es un don de Dios. El rabino Benchetrit expresa: "Dios es la voluntad absoluta, esa gran voluntad que destella micro voluntades llamados ángeles, querubines, el hombre. Esa voluntad que nos insta a efectuar acciones amorosas y buenas acciones es una ley universal. Por eso, todo hombre es juzgado por su voluntad, por sus acciones, que son frutos de su voluntad y determinan la gravedad de ella. La reputación es el conjunto de sus actos y acciones. El mundo es la voluntad de Dios. Natura es el plano y manual de este mundo. Es una voluntad".

Sin amor uno no solo es pobre sino infeliz. Ser feliz es la sensación de ser, la cual es realizada por la buena voluntad que es el amor. Es necesario trabajar y emprender en su felicidad y en la de otros. Nadie se hace rico sin querer suplir la necesidad del prójimo u odiándose a sí mismo, pasando de potencial a realidad.

La vida es de adentro hacia fuera. Si no sientes esa sensación de ser, puedes tener todo, hasta un Ferrari, pero si en tu espacio interior hay llanto, eso es pobreza, pues la Real Academia dice lo siguiente al respecto de la pobreza:

1. Falta, escasez.
2. Dejación voluntaria de todo lo que se posee, y de todo lo que el amor propio puede juzgar necesario, de la cual hacen voto público los religiosos el día de su profesión.
3. Escaso haber de la gente.
4. Falta de magnanimidad, de gallardía, de nobleza del ánimo.

La escasez de amor es pobreza y puede llegar a la destrucción total de un ser humano, puede adquirir enfermedades incurables (hablo del amor propio). Cuando una persona no se siente amada, sobre todo desde la concepción, es muy difícil que ame a otro con todo su ser, nuestro mundo está lleno de personas así. Si tu madre no quiso traerte al mundo, obvio eso te va a afectar, pero no es motivo para no amar, no dejes que tu felicidad dependa de otro ser.

Querido lector, permíteme contarte un poquito de mí, algo que he callado por mucho tiempo y ha hecho gran daño tanto a mí como a los próximos. Una situación que me marcó y me causó perjuicio. Principalmente porque lo callé y no le di importancia a todo ese evento como una oportunidad de conocer una fase del amor

Un día fui a visitar a mi abuela. Al llegar la encontré en el jardín con una regadera y en una posición poco habitual, como si orara. Me detuve para ver qué haría después. Para mi gran sorpresa, murmuraba algunas frases; ella no acostumbra a rezar, ni orar, solo lo hacía en ocasiones especiales como la Semana Santa, de la forma como lo hacen algunos católicos devotos. Ella seguía de rodillas, cantaba alegremente, mientras regaba las plantas y flores. Había creado una belleza sin igual en el patio.

— Abuela, ¡Qué bello es el jardín! — dije para que sintiera mi compañía.

Al parecer no me escuchó, entonces tuve que hablar más fuerte.

—Todo lo que se hace con amor, florece— dijo mientras acariciaba una rosa sin prestar atención a mi voz.

Ella seguía cantando, pues no sabía que era yo. De repente, levantó la cabeza y se sorprendió al verme.

—Oh, ¿qué haces aquí?, ¿quién te trajo?, ¿y tus padres? — me preguntó.

Yo no sabía qué responder, tenía un nudo en la garganta que me impedía articular palabra alguna. Yo tenía apenas ocho años, pero aquella frase de mi abuela me conmovió y comencé a llorar; huía de mi mamá, quien me maltrataba. Mi abuela volvió a preguntar:

— ¿Quién te trajo?, ¿con quién viniste?

—Vine solo — respondí sollozando.

Ella entendió que no era una visita normal, sino que yo huía. Sí, había huido de mi mamá que me había castigado por haber ido a jugar beisbol y dejar la puerta de la casa abierta. Sentía que ella no me amaba. Al escuchar la ternura de mi abuela al decir: "**Todo lo que se hace con**

amor, florece", pensé que yo podría llegar a prosperar tan bien como aquellas flores.

Mi abuela pronunció palabras inaudibles frente al sol y al instante sentí como si una lluvia de bendición cayera sobre mí. Ella me rociaba con el agua que regaba las flores y continuaba en su monólogo inaudible. Aquello me fortaleció como si fuera un renacimiento, me bañó y me vistió. Enseguida ella afirmó:

—¡Vas a ser grande, hijito!

Quería saber por qué mi abuela le oraba a una flor, así que al día siguiente la seguí hasta el jardín donde repetía el mismo ritual.

—Abuela, ¿le oras a una flor?, le pregunté — Ella rio a carcajadas.

—Mi mamá dice que orar a objetos es crear ídolos y eso es pecado — continué hablando. —No hijito, no le oraba a una flor, conversaba con ella porque estaba marchita.

—Solo al Dios de la Biblia debemos orar, dice mi mamá. —seguía yo repitiendo.

—Sí, es verdad, pero hay que ver a Dios en la naturaleza. ¿No crees que la Biblia es muy chiquita para Él, hijito? —me preguntó ella.

Para aclarar mis dudas, ella se tomó el tiempo de explicarme: "La flor es importante para Dios, es parte del universo, al igual que nosotros, seres vivos con emociones. Las plantas son las pioneras de este planeta; mantener una conversación con el universo es estar en armonía con la fuente del amor. Mi esposo y yo empezamos a vivir en armonía con nosotros mismos y con los demás, con el universo y la ciencia infinita, pasamos nuestro potencial a la realidad".

Es triste decirlo, pero los mejores padres son los abuelos después de cometer tantos errores con los hijos. Cuando sus hijos se casan, ellos quedan solos; debía ser esa la razón de hablar con plantas, pensaba yo en mi mente de niño mientras la seguía en aquel ritual y discurso.

"Buscamos en la naturaleza respuestas a la soledad, al amor, a la paz; nos convertimos en amigos y protectores de la naturaleza por amor a Dios. Conectándonos con lo que no vemos, nos encontramos a nosotros y al amor, para que este mundo sea mejor para todos. Amarse, amar la naturaleza y conectarse con lo invisible para dominar lo material", seguía diciendo la abuela.

Yo no entendía lo que me decía, pero tuve que escuchar su discurso. No tenía argumentos y hacía todo como ella: ejercicios de meditación y escucharla hablar de poner en armonía su inteligencia con la suprema. No comprendía absolutamente nada, pero como ella me amaba pensé que aquello era bueno para oír. Así fui aprendiendo el amor de madre con mi abuela. Además, yo no tenía a dónde ir.

Llegó la noticia de la angustia de mi madre tras mi desaparición. No sé cómo supo ella donde me encontraba. La abuela sabía que era un momento dramático para mi madre y como no había teléfonos le envió un mensaje. Mi abuela quería llevarme de vuelta esa semana, personalmente.

Yo no quería regresar a la casa, pero mi mamá estaba furiosa porque iba a perder la entrada de la escuela. La abuela trataba de convencerme de que lo hiciera y prometió hablar con mi madre para que no me castigara más. Mi mamá solía decir que sus padres fueron duros con ella cuando era niña, y hasta la adolescencia, sin embargo, conmigo eran ángeles.

La abuela me recomendó seguir con lo que me había enseñado sobre la naturaleza, la inteligencia mía y la suprema. Al regresar con mi madre las cosas mejoraron y comencé a frecuentar más la casa de mis abuelos; allá pasaba mis vacaciones y aprendí muchas cosas con ellos, pero cuando entré a la universidad me vi obligado a cuestionarme sobre lo que me decían.

Mis visitas pasaron a ser anuales; sin embargo, la conexión seguía. Discutía con la abuela los temas de la universidad sobre el calentamiento global y ella respondía: "Hoy la humanidad, aparentemente a cargo del proceso creativo de este planeta, es en sí misma el obstáculo; somos los malos, nos hemos convertido en una influencia destructiva no solo para el planeta, sino también para nosotros mismos. Estamos contaminando nuestros cuerpos con materias que envician y nuestro corazón consciente con imágenes de crímenes, de violencia y de muerte".

La abuela también afirmaba: "En la universidad es muy bueno estudiar, pero muy pronto, hijo mío, verás cuán importante es lo que te estoy diciendo; tu éxito, tu prosperidad, tu salud y tu felicidad dependen del dominio de lo que te he enseñado. El mundo físico, sus necesidades y sus afanes destructivos no completan al hombre, lo destruyen todo, hasta el amor". Ella me hablaba con el alma; yo era un actor dramático, pero pude sentir, oír y ver en sus ojos ya cansados.

Un día me dijo: "Estaré siempre contigo a donde quiera que vayas. Como tú sabes bien, todo se transforma. Cuida tu corazón, él conecta con el mundo no material, de él emana la vida. No dejes que se enfríe ni se apague tu amor, aunque la temperatura del espacio donde te encuentres esté a varios grados bajo cero. Recuerda, el amor de pareja es como dos ríos, puedes ver la luz del sol brillando en su reflejo, pero debajo existe una profundidad, a veces serena, a veces tumultuosa, oscura, misteriosa y mefistofélica.

Cada uno de nosotros es como un río y asimismo los demás. Cuando comenzamos a amar solo vemos la superficie del otro río, los colores que refleja, las luces y el arcoíris que lo corona, pero a medida que nos aproximamos, buceamos en las profundidades del otro, explorando su nada y los secretos que yacen en esa oscuridad, ahí está el principio del amor.

Félix Smith Estevez

Amar de verdad implica no solo nadar en las aguas superficiales del otro, también sumergirse y explorar en sus profundidades; conocerlo en su totalidad y respetarlo, es ahí cuando ambos logran algo maravilloso: no hay miedo, rechazo, resistencia, ni abandono, sino una aceptación que fluye y permite amar y ser amados con libertad; en ello está la plenitud. Eso es la parte invisible, y la otra, su contrario, lo material, lo visible.

Poderse juntar los dos da un estado que pocos conocen, es apenas antes de partir que algunos lo encuentran, es paz. Ella es el reflejo de un triángulo perfecto, cónyuges y Dios en el medio; el amor a Dios, al universo, a los hermanos, entre cónyuges y a todos los que hemos dado motivos de vivir con latidos rítmicos, a cada corazón encontrado".

Y terminó la abuela diciendo: "A quienes llenamos de felicidad los dejaremos sembrados en ese bello jardín que es nuestra tierra, es lo que hará eco al otro lado, en el más allá. Te veo con una mujer en un país distante con mucho frío. Cuida a mis nietos".

No sabía que era la última vez que vería a Abuela con vida. Ya no podría hacer su manicura, pedicura, jugar de estilista en sus cabellos de algodón, beber una taza de café fuerte y sabroso como solo ella lo sabía preparar, ni ayudarla con su tabaco, al menos físicamente. Cuando abuela viajó de este mundo sentí que una parte de mí se fue; no era científica, pero sus enseñanzas y sus palabras se cumplieron en mi vida. Había visto el rostro de la mujer con quien me casaría siete años después.

No sabía que esas palabras eran una despedida. Ella quería bailar en un barco en medio del océano, pero no pude realizarle ese sueño. El día del sepelio, al ver su cuerpo sin vida, supe que realmente la muerte existe para todos; nunca creía que ella moriría a pesar de que abuelo había partido meses antes. Con ellos aprendí lecciones de vida, de sus setenta y nueve años de matrimonio feliz y pleno.

En mi corazón están las lindas enseñanzas de vida y amor que me enseñó mi abuela. Una manera de inmortalizar la memoria de esa gran mujer es compartirlas, pues en parte contribuyeron al rescate del precipicio de mi vida matrimonial.

Neurosis y enajenación como formas de desamor

Un adicto tiene un problema de soledad, pues cree estar en aburrimiento, tiene horror al vacío. El aburrimiento es el silencio, pero se siente y triste y busca a alguien que le ame para ser feliz. Este pensamiento de Pascal es genial: "La infelicidad del hombre se basa solo en una cosa: que es incapaz de quedarse quieto en su habitación". La reputación es el conjunto de sus actos y acciones.

Dios es la voluntad absoluta. Esa gran voluntad destella microvoluntades llamados ángeles; el hombre es una voluntad y es juzgado por ella, las acciones determinan la gravedad de esa voluntad. El mundo es la voluntad de Dios, la Torá es plano y manual del mundo.

La manera en que manifestamos el amor propio es la forma como creemos que los demás nos aman; y si tú mismo no te amas, ¿cómo crees que otra persona lo hará? Una baja autoestima se caracteriza por creencias muy pobres sobre sí, tales como:

> "No soy alguien importante"

> "Soy insignificante"

> "No soy merecedor de amor"

Evidentemente, estas creencias provocan un sentimiento de inferioridad, el cual lleva a pensar que es muy probable que encuentres a alguien que es "mejor". Esta sospecha, genera inseguridad y entras en un círculo vicioso. La persona está a la defensiva, ya que considera algunas situaciones como amenazas en las que puede perder al ser amado y el miedo cada vez se vuelve mayor, también crece su inseguridad, más aún si hay experiencias traumáticas.

Haber sufrido un engaño en una relación es una experiencia que deja una huella difícil de borrar. Cuando alguien sospecha de su pareja y el otro le dice que "es fruto de su imaginación", pero finalmente descubre que sus temores eran reales, la víctima pierde la confianza en el amor y le costará volver a confiar, se sentirá muy asustada y activará un gatillo de defensa antes que vuelvan a engañarla.

Ideal del amor romántico

Entre los modelos de relación en la sociedad ha predominado el de amor romántico, del modo cursi, que defiende valores como la "posesión de la otra persona", es decir, considerar que ese otro nos pertenece y, por tanto, tiene la obligación de dedicarse exclusivamente a nosotros.

Esta idea puede generar una gran dependencia emocional, ya que se cree que uno debe estar exclusivamente para su pareja, siendo así se le concede el derecho a la otra persona de cambiar aspectos propios para contentarle. Tal hecho puede llevar a la anulación de la propia identidad, lo cual conducirá a la pérdida de la independencia y personalidad, ya no sabrá quién es porque se define a través del otro, vivirá solo por y para la pareja, dejando completamente de lado la relación consigo mismo.

CAPÍTULO II

MI MATRIMONIO

Esta no es la historia de vida de Mith Salav, aquel niño tímido, prófugo de su madre, sino de aquel hombre que la señora María, mi abuela, transformó; es mi historia. llámame, Salvador Armando Guerra. Mi padre fue el señor Miguel Alfredo Armando Páez de fe católica, apostólica, romana, antes de comenzar a seguir a los adventistas del séptimo día, e hijo de María Tatiana y Guerra Félix.

Tengo treinta y cinco años, cinco de ellos los pasé en pareja con alguien que parecía haber caído del cielo. Claramente recuerdo que mi encuentro con ella fue como un misterio que todavía no consigo descifrar. Todo era místico.

Comenzando por el primer día, hasta el destino final, era como si el mundo nos quisiera juntar a la fuerza. Todo fluía a una velocidad vertiginosa, no teníamos conciencia de nada. Nuestro encuentro fue como si una fuerza extraña se confabulara desde tiempo atrás para que ambos estuviéramos en el mismo espacio y viajáramos para igual destino, incluso reserváramos asientos uno al lado del otro, como si hubiera sido premeditado. No sé si fue Dios, aunque por varios motivos a veces pensaba que bien pudo haber sido el diablo.

Ese día yo viajaba para encontrarme con un tío; salía de unas vacaciones en Canadá para otras en Haití y las Islas Vírgenes, ella, por alguna misteriosa razón, también. Como si hubiéramos hecho juntos las reservaciones. Desde ahí empezamos a caminar juntos.

Donde quiera que pasáramos aparecía alguien para darnos un consejo de pareja hasta la naturaleza. Un corazón formado en el cielo por las nubes, los pájaros al acariciarse, las flores. Para ser franco, aquello comenzaba a tener una seriedad notoria y a mí no me gustaba mucho. Sin embargo, esos acontecimientos no eran un arreglo previo de ninguno de nosotros, era una fuerza extraña.

Me acuerdo de que un día fui a trabajar y al llegar al sitio me di cuenta de que mi celular se había quedado encima de la mesa de cama. No pudimos conversar el día entero hasta que regresé muy tarde a mi casa. Al encenderlo, mi WhatsApp estaba repleto de mensajes de Yvenka, el nombre de aquella mujer.

Félix Smith Estevez

Todo estaba fuera de mi control. Por buscar una imagen de esas que evocan emociones. Envié una por error. Sorprendido de emoticón equivocado, ya era muy tarde, no podía borrar. La mensajería social no tenía aún la opción "eliminar para todos". ¡Había enviado por error una alianza! ¡Así fue como nos casamos! Todo transcurrió de repente, estábamos ya viviendo juntos.

—El anillo no quiere entrar en mi dedo— dijo ella emocionada. Me contagiaba su alegría. Todos los días conversábamos. A veces quisiéramos atravesar la pantalla para juntarnos, fundirnos en un abrazo y entregarnos cuerpo y alma tanto el uno al otro. Deseaba su cuerpo de pies a cabeza, me veía con ella abrazados y besándola acompasadamente su piel, susurrando al oído mis ansias, mientras besaba sus labios carnosos. Podía oír su voz sensual y su respiración. Lamer cada centímetro del bello plástico de su piel y de su encanto de mujer hasta sacarle gemidos orgásmicos de placer. Y fundirme en ella hasta el éxtasis. Pero éramos cristianos no debíamos llegar a ello antes de la bendición. En ese punto no concordaba con ese dogma. Para mí creo que conocerse y todo aspecto antes de casarse. Muchos se divorcian tras topar con frigidez y falta de erección. Pero ella parecía que era diferente.

Madre soltera sí pero con elegancia y temerosa de Dios, y yo también pero el reptil mío quería probarla. Y crecía en tentación hasta vernos vestidos de Adam y Eva. Fue a la cocina por un bocadillo. Por la ventana se veía que todavía que los árboles estaban desnudos aún. Traté de pensar en algo que me ayudara a controlar manifestación varonil. Es difícil controlar esos momentos. Así que pensé en alguna operación matemática y aritmética. División, sustracción, seno y coseno no sé por el estilo. El efecto fue rápido.

El ser humano está hecho de emociones

Ellas se nutren de momentos y eses ultimo de acciones. El mensaje del emoji de una alianza que había enviado sin querer la noche anterior había despertado en ella una alegría sin par. Al encontrarlo en la pantalla de su celular al despertar. Pude hasta escuchar el latido de su corazón en una emocionada erupción de un sí. Me preguntaba por que acontecía todo eso tan de repente. Esa mujer parecía haber caído del cielo. La voluntad de estar juntos crecía. Anulé mi vuelo destino USA, solo para ir a verla en Canadá como prometido. El amor nos juntaba de

Dominicana a Canadá, Estados Unidos, Canadá. Todavía sin el anillo real.

Quería estar seguro si era el amor que sentíamos era genuino o un capricho. Porque hasta donde yo sé no solo el amor junta a la gente, la desesperación y el miedo también lo hacen. "Cásate! Si encuentras una buena esposa, serás feliz, pero si te cases una mala serás un filósofo más" Sócrates. Si deseas vivir una vida feliz enfócala en un meta no a una persona o una cosa" Albert Einstein.

Mi matrimonio

"Relación discreta relación perfecta. Vivir en anonimato evita problemas" William Nzobazola (Ninho).

Yvenka, vestida de blanco, bouquet de flores en las manos, corona en la cabeza, avanzaba acompasadamente como un pavorreal con su cola larga semejando un río largo y espumoso. Sonriente, bailaba al son de la música de su sueño. Los flashes de las cámaras resaltaban aún más la blancura de sus dientes que brillaban como estrellas fugaces. Mientras caminaba, el vestido arrastraba los pétalos y granos de arroz que lanzaba el público para garantizar la suerte, abundancia y prosperidad. Todos parecían felices.

Majo, la Camerunesa, más que su amiga, su segunda madre, estaba más feliz todavía. Era esa mujer una mezcla extraña de ángel y demonio, la había adoptado años antes, cuando salió de la casa de su hijo a quien había venido a visitar con su marido el baobab económico de Yaundé (Camerún), de quien se escapó para no retornar a vivir los maltratos que recibía.

A Yvenka le resultó buena esa mujer, ¡le ayudaba tanto!... Un día bien le había profetizado el porvenir en la borra de una taza de café. Y le leyó en ella su futuro y predijo que se casaría dentro de poco y para eso sería prudente viajar. Ahora, se regocijaba de que su palabra se cumpliera al pie de letra. Yvenka, su hija por circunstancia estaba feliz como una lombriz. Todos la veían radiante como un rayito de sol. La Camerunesa mejor dicho, esa mujer de tierras lejanas, llena de sabiduría divina o demoniaca, que mi futura esposa había adoptado como madre y quien seis años después nos causaría el peor daño junto con la familia de mi esposa.

Majo estaba de pie a la izquierda en primera fila, realizando un areíto Africano (ceremonia de indígenas autóctonos de América), dando vueltas en sí con gritos. Su piel negra llevaba escondidos todos los misterios del África y su vestido de colores parecía un gran cono flexible a medida que giraba. Los curiosos observaban a la Camerunesa y se preguntaban qué ritual era ese. No había duda de que esa mujer era rara. Nunca me había caído bien por su carácter arribista y misterioso. Típico de una suegra mala. ¿Dije mala, acaso hay buenas? No sé!

La comparsa avanzaba al son de un baile sublime. Y el público seguía sin piscar de ojo a Yvenka en su danza. Ella se había convertido en la princesa barbie de su sueño y el de numerosas mujeres. Dijo que se casaría porque había soñado hasta el nombre del hombre que Dios mismo le había mostrado años atrás en sueño; y confirmado por la pitonisa Africana. Ahora estaba viviendo su momento. Había organizado la boda de un sueño. En medio de destellos de flashes, subía la euforia, algunos fotografiaban y otros hacían videos, segundos después su imagen estaba publicada en las redes sociales.

Como subían los videos así también llegan efectos de la envidia de muchos incluso de la misma familia. Los familiares habían llegado de los Estados Unidos a Montreal, primos, hermanos y amigos de todas partes. Su madre estaba en la segunda fila, rebozaba de una alegría sin igual; a pesar de estar en silencio, quien la conocía bien, sabía que estaba muy feliz, doblemente, por ella y por su hija.

Había soñado ese momento con el padre de su Yvenka, aquel hombre alto, musculoso, de piel oscura y ojos de miel; el hombre que amaba con toda su alma. También, el que había llegado a odiar hasta la muerte porque se dejó arrastrar por el amor de otra mujer, con quien se casó. Nunca lo perdonó y su amargura la devoraba por dentro. Verlo acompañar hacia el altar a su primera y única hija fruto de su amor, le arrancó un ataque de emociones, que lloró cual una niña. No sabría decir si de alegría o de tristeza las mujeres son tan extrañas. Uno nunca sabrá el motivo de sus lloros. Creo que ni ellas lo saben.

Lloraba por el dolor de la separación deduje. Las imágenes saltaban de una escena a otra en su mente con el amor de su vida, desde el día de su primer beso, sus salidas a escondidas para ir bailar, aquella noche cuando la hizo mujer... Bajó la cabeza y ocultó su rostro en un paño blanco, navegaba entre la alegría y una profunda tristeza. Enseguida, se secó las lágrimas, tenía que ser fuerte, no era buen momento para el llanto en el evento más esperado de su hija.

En aquella gran sala con capacidad de mil y ochocientas personas no cabía un alma más. Algunos se acomodaron hasta en el pasillo. Yvenson Ajax avanzó decidido, guapísimo en su traje azul, camisa blanca y corbata amarilla. A pesar de los años, sus músculos eran notables. Estaba orgulloso de su hija a quien entregaría al hombre que sería el amor de su vida. A los pocos metros se encontraba una mesa detrás de la cual estaba el oficial que celebraría la ceremonia.

Yvenson regresó a su asiento al lado de la mujer que más lo odiaba hasta el momento, su primer amor. Ahora estaba serio, tal vez había olvidado el dolor que le había causado. Y pensaba que la madre de su hija estaba feliz. Sí lo estaba. Pero no por haber consumado su amor con él, si no por ver a su hija cumpliendo su anhelo. Cuando salió de la isla a los diecisiete años para los Estados Unidos;

sentía cumplido su sueño de madre soltera. Ahora Yvenka estaba radiante en el vestido blanco, frente a un oficial que la casaba con el hombre que amaba. Una vez confirmó "para llegar a Canaán fue preciso cruzar el mar rojo y pasar por el desierto".

Mi suegra en su mente se preguntaba por qué no había podido ser feliz, así también como estaba ahora su hija, si ella quería lo mismo como toda mujer. Aunque no había encontrado un amor a bordo de un avión, un joven apuesto soltero como a Yvenka a quien el universo le había traído a su media naranja a la puerta de su casa. Conocer el amor era todo. Su hermana tuvo esa suerte pero la había dejado ir. Todos sospechaban el romance que existía con un joven que conoció durante su llegada a Estados Unidos, pero cometió el error de negar a su novio al pastor, quien acabó por casarlo en secreto con otra joven que se embarazó de él. Ahí estaba ella muy seria como si no hubiera sufrido las desazones del amor. A veces ciertos acontecimientos son señales del universo.

Ya marido y mujer, la misma euforia, fotos, videos y algunos retoques de maquillaje que chorreaba por el calor que había en el festejo. Ese momento para Yvenka se llamaba "felicidad", había tenido la boda de sus sueños.

El verano había sellado una unión más. El sol radiaba en cada diminuta hoja de Montreal; las flores exhalaban sus perfumes y hasta las nubes parecían estar contentas, se retorcían en el enorme espacio azul del cielo como ángeles abrazados. Los turistas que pasaban hacían videos.

La pareja, ya casada, se dirigió al lugar ideal para las fotos, seguida de público y familiares. Un convoy de limusinas, carros y motocicletas iba por toda la urbe detrás de los recién casados, que se transportaban en carruaje dorado hacia uno de los parques más importantes de la isla, donde comenzaría la sesión de fotografía. El tránsito fue bloqueado para el traslado, toda la familia se fotografiaba en un paisaje paradisiaco antes de la recepción y la gran fiesta.

En el carruaje, la madre de Yvenka acariciaba el rostro de su hija, la besaba, era su orgullo, no podía ser más feliz. Ahora faltaba la hija mayor, sus ruegos a Dios por un milagro, iban a comenzar. Un desafío más y estaba dispuesta a seguir adelante, aunque fuera lo último que hiciera en su vida. Las dos mujeres se fundían en una sola.

E hizo un brindis al amor. Las limusinas desfilaban como un gran dragón oriental en el asfalto gris de la ciudad Saint Laurent. de felicidad en liquido dorado se trataba de una de dos botellas de champán que burbujeaba gases de felicidad en una copa. Yo veía a la gente saludar por la ventanilla. Descubrí un secreto ese día. El cuerpo humano no puede soportar sobredosis de alegría. Ese día sonreía tanto que me dolía la boca. Te lo juro. Llegó un momento que no podía más. Yo llevaba un tuxedo azul pecho negro, camisa blanca, corbatín dorado y negro y un kepi de piloto de aviación. Todo era un símbolo de nuestro amor caído del cielo. Dos copilotos, mi esposa y yo de esa nave "nuestro matrimonio". Me quité el kepi de piloto que llevaba en la cabeza y me dejé caer en el asiento para dormir un poco, mientras madre e hija conversaban. No habíamos dormido nada la noche anterior.

— "Eras tan pequeña que apenas cabías en mis manos. Creciste, ahora Dios ha hecho por ti aquello que yo anhelaba. Estoy feliz y orgullosa de ti", le decía a su hija, y susurró unas frases inaudibles en su oído. Luego se miraron fijamente mientras caían dos riachuelos que salían de sus ojos, recorriendo sus pómulos. Sonreían, se pasaban las manos para secar las lágrimas y seguían dialogando:

— Me han quitado todo, el amor, el sueño de casarme. Sin embargo, ser madre, aunque quieran, no podrán quitármelo.

—Mamá, Dios sabe el porqué de las cosas.

—Lo sé. Hay cosas que no sabes… ¿Cómo te definirías al perder todo hija?

—¡Corajosa! Eres muy corajosa mamá.

—Hija, tu identidad está necesariamente ligada a lo que entregas tu corazón. Sé feliz hija. Quiero que seas feliz aún en los días tristes.

Así empezó ese sueño que luego se fue convirtiendo en pesadilla.

Se desmorona el matrimonio

Justo cuando festejábamos el segundo aniversario de nuestra unión organizamos una fiesta y, al igual que el año anterior, nos juramos contra viento y marea amarnos, haríamos que cada día fuera de pura fiesta y alegría. Parece que aquello era fruto del espíritu de la luna de miel de nuestro matrimonio que todavía nos instaba a la creatividad.

Invitamos unas quince personas, entre ellas un amigo de infancia, un verdadero artista, de espíritu conservador, profesional que pinta hasta con los ojos cerrados, Leo da Silva. Visitaba de vez en cuando su atelier para contemplar sus obras; cada trazo dejaba en la imaginación una sensación fuera de lo común.

No sé quién inspiró su técnica, si Leonardo da Vinci, Michelangelo, Caravaggio, Diego Velázquez, Picasso, Rembrandt, Salvador Dalí, Frank Étienne, Cándido Bidó, Guillo Pérez, entre otros. Él solía hablar de las artes y los valores perdidos de la sociedad, era un privilegio oírle narrar la historia del arte en general y reflexionar sobre la decadencia de los valores.

Recuerdo escucharlo decir: "Ver el color de la tanguita de una mujer era algo imposible, a menos que fuera tu esposa. Si ahora ellas se exponen, ¿cómo creen que los hombres, que no cuidan su parte irracional, van a reaccionar? Hacen bola humana con los senos afuera en las plazas para exigir respeto, es como pedir auxilio y exigir castigo a un perro que persigues por una carne con la cual lo seducías".

Y continuaba su reflexión: "A veces me pregunto si pasear un trozo de carne, forzando al canino a olfatearla y apreciarla, y cuando en su raciocinio el animal toma la decisión de seguir a ese trozo de carne y comienza a mordisquear hasta comerla ¿es posible culparlo?

A eso los defensores responden que las mujeres pueden vestirse como quieran. ¡Ah, interesante! Y si ella al pedir socorro recurre al primer policía, y este se rehúsa a protegerla porque afirma no ser policía, pues el uniforme que lleva es un disfraz, ¿acaso él también no tiene derecho a vestirse como le dé la gana?, ¿eso sería abuso de poder? No.

Podemos llegar a escenas como esas porque hay cada día menos pudor, nunca hubo en toda la historia de la humanidad tal decadencia. Los verdaderos valores de la mujer se han perdido. Nadie puede quitarse la ropa para manifestar en plazas públicas exigiendo respeto natural por algo no natural. La obra perfecta es la mujer, sin embargo, hoy se ha vuelto artificial, todo es falso. Hay hasta cerebros al alcance de todos.

Félix Smith Estevez

Cuando toda la humanidad se torne ciborg, la existencia habrá perdido ese sabor de ser vida, no existirán más humanos sino una manada de máquinas al servicio de una élite. Es un plan especial destruir todo hasta llegar al hombre nulo. La mujer, la música y las artes, son la vía que permitirán a esa élite llegar a su objetivo, todo eso por su decadencia para reducir el hombre a su más bajo nivel. Nada natural tiene sentido ni llama la atención de nadie, hasta las obras pintorescas de estos días en nada se comparan con las realizadas por los maestros del pincel".

Me decía también: "la gente ha llegado al estado más bajo de la locura. Los maestros se ahorcarían al ver en exposición obras artísticas tan ridículas como una banana colgada en una pared con cinta adhesiva exhibida como arte y vendida en cincuenta mil dólares. En la música ni hablar".

Mi esposa Yvenka le había pedido a Leo pintar un retrato artístico de nosotros como una familia perfecta. Aunque había confianza, estaba fuera la idea de dejar posar a mi mujer frente a él; podía permitir cualquier cosa menos que la viera semi desnuda. No puedo negar que hubo algo de tensión por esa clase de pedido. Habíamos contratado a ese pintor para realizar un retrato exótico nuestro, un desnudo artístico en óleo, en cuadro grande, como un emblema de nuestro amor, pero al final decidimos posar con ropa normal y el pintor haría los efectos del desnudo. Él es experto en eso, tres horas antes que comenzaran a llegar los invitados el cuadro estaba listo. ¡Una familia perfecta!

Nos habíamos divertido, pero después de que los amigos se fueron algo pasó que me puso a pensar. Mientras el artista daba los últimos retoques, irrumpió en el espacio una mujer, una amiga de mi señora. No sé si ella alcanzó a ver el lienzo o si imaginó el retrato, pero horas después recibimos una llamada suya. Yvenka puso el teléfono en altavoz. La mujer dijo: "cuando supe que ibas a casarte, no puedo mentirte, sentí envidia, por eso busqué un hombre también. Dime, Ninika, ¿él es bueno en la cama?, ¿y no han peleado todavía?". "Esas no son preguntas que debo contestar, amiga", respondió mi esposa. Al darse cuenta de que estaba en altavoz, ella se despidió secamente y colgó la llamada.

Desde ese momento nuestra paz se tornó agridulce. Toda clase de pesadilla, insomnios, depresión. En la misma semana comenzó el problema en nuestra relación. Mi esposa discutía por cualquier cosa, y como no soy fanático de discusiones, solía sufrir en silencio, lo que con el tiempo me empezó a afectarme. Luchábamos para salvar todo. Pedimos al cielo intercambiar aquel retrato de la familia perfecta por nuestra vida real. Que el retrato sufriera todos nuestros problemas. Una amargura más nos traería aquel retrato.

Había llegado lo que sería un fin de semana feliz, estaba contento por haber terminado un proyecto de renovación. Los futuros dueños estaban alegres de poder, por fin, ocupar la casa de sus sueños, y yo sentía la dicha de ser clave en esa realización. Ese minúsculo momento lo definí como "felicidad" que, sin embargo, no duró más de un instante. Salí como un misil del trabajo, más temprano que nunca, fui por unas flores y un regalo para festejar esa alegría con mi esposa.

Al abrir la puerta, toda aquella felicidad se evaporó, encontré a Yvenka con el retrato boca abajo y una tristeza sinigual. La idea que me llegó a la mente fue que el cuadro se había roto, pero no, estaba intacto. Miró las rosas y sonrió por breve segundos, pero se notaba que algo andaba mal.

El plástico tímidamente crujía en sus delicados dedos mientras retiraba las rosas del jarrón para reemplazarlas con las nuevas que le había traído. Con la fina delicadeza de mujer, se inclinó para aspirar el perfume que exhalaban las rosas. Le había traído de presente lo que más le gustaba, un helado de su sabor preferido y una bolsa llena de trozos de caña de azúcar.

Se lanzó en mis brazos y me abrazó. Yo no sabía si compartir mi alegría, si callar, pero quería escuchar el motivo de su tristeza, tenía certeza de que algo andaba mal. Solo cinco horas después, cuando yo estaba en sueño profundo, sucedió algo. Ella sabía que no me gusta ser despertado, pero somnolienta, agitaba la sábana de un lado a otro y había transformado la cama en un torbellino que me despertó. La encontré sentada en una esquina de la cama. "¿Qué tienes amor?", le pregunté tratando de ser lo más gentil posible, pero en realidad lo que quería saber era si había visto al diablo.

Había tenido una pesadilla. Me contó que esos sueños extraños eran recurrentes desde hacía un tiempo. Siempre la misma cara. Soñaba con una mujer sin rostro que peleaba con ella, una y otra vez. No le di mucha importancia, pensé que tal vez era fruto de su imaginación, pero debía mostrarme interesado para que me dejara dormir; eso era lo único que yo quería, dormir.

La gente sueña cosas, no es algo de ahora, pero los sueños por lo general son raros. Pero soñar que un cuadro habla, diciendo que aceptaba recibir los impactos de los peleas y conflictos matrimoniales es algo inaceptable. Aunque muchos dicen que los sueños aportan mensajes. No era que no supiera lo de los sueños. Ellos están en un plano al cual parte de nosotros viaja para experimentar cosas, es la extensión de nosotros. Pero a cambio de que me preguntaba. Inclusive yo también soñaba y a veces tenía sueños premonitorios. Mi esposa parecía soñar más, que aquel soñador de Egipto, que narra la Biblia. Tanto así que me preocupaba mucho. talvez algún día me va a decir que el cuadro le dijo esto y lo otro-pensé. No quería perderla, pero aconteció que no conciliaba el sueño con ello fue agravando mi paciencia con ella.

Meses después me llegó una notificación al celular. Al chequear mi cuenta en una plataforma social encontré viral el retrato que habíamos mandado hacer para nuestro aniversario. ¡Había sido publicado en las redes sociales! Mi esposa no sabía cómo fue a parar ahí, tampoco yo. No podíamos esperar el amanecer para ir donde Leo y preguntarle cómo pudo suceder; sin embargo, no respondía su teléfono. En vista de la situación, fuimos a su casa, pero al llegar, la puerta estaba cerrada y el celular no sonaba. Y al descubrir los mensajes intercambiados entre ellos. En fin, no pudimos averiguar lo que había sucedido, pero ese fue otro factor que contribuyó al deterioro de nuestro matrimonio.

Estaba cansado por el peso del estrés que nos habíamos causado sin sentido. Mas de cinco años apenas y todo había cambiado, años de rutina angustiante entre sonar con cuadro y súcubos que peleaban con ella. Quería que ella fuera como las mujeres que conocí antes. 139 veces mal pude disfrutar de la delicia y el encanto de su pizza, que tanto soñaba cuando aún no éramos casados. Había pasado mil novecientos noventa y cinco días nutriéndome de su pizza, ella sin deseo ni sabor, y si pedía modificar la receta, era el botón que detonaba una bomba. Ella parecía estar a gusto, pero yo no, como hombre sentía que algo faltaba. El sexo. Según ella el cuadro le había dicho que le diera el control absoluto de mis ingresos. Lo cual al principio hacía, y me elogiaba por ser un buen hombre, pero después realicé que cuando necesitaba hacer un gesto a alguien o mi familia cuando le pedía ya no había nada. Quiero que lo sigas haciendo como mi expareja lo hacía-me dijo un día. Aquello me cayó como un balde de agua fría. Entonces yo estaba siendo el papel de alguien. Le daba más respeto a aquel padre irresponsable que la abandonó que a mí. Después de saber eso todo cambió. Lo que fuera que soñaba no me interesaba.

Nosotros nos casamos para hacerlo ellas al parecer para no hacerlo. Siempre una excusa y para rematar comparaba. Decidí ahorrar para una casa suficientemente grande para que viéramos crecer los hijos, pero separados. Ella para mí era infiel con las intenciones. No importa ya si venían del retrato familiar o de la pitonisa Africana o sus hermanas quienes a la distancia con control remoto controlaban mi hogar. Y eso es culpa del dogma de la cristiandad me preguntaba. Quería saber antes el tipo de hembra que sería mi esposa. Pero aquella extraña y frígida esposa…

Poco a poco, sin darnos cuenta, nos habíamos vuelto dos extraños egoístas, peleábamos todos los días, ella no me comprendía y después de cada pelea venía con su peculiar manera de solucionar las cosas, pero no la soportaba, es más, de cuerpos nos habíamos ya separado.

No conseguía trabajar bien, de vez en cuando era como si la voz de Abuela me hablara para repetirme las lecciones que mantuvieron el amor de su pareja: "la vida es una escuela, estamos aquí para aprender, para llenar la parte faltante de nuestro ser, tanto en lo físico como lo espiritual". Recordaba que ella también afirmaba: "la mujer es un ser con una misteriosa mezcla de ángel y demonio". Ese maldito retrato también pues estaba en mi contra y quería ya romperlo. Aunque era perfecto y la gente lo admiraba. Pero aquello era apenas una fachada, la verdadera familia son aquellos que no vemos. Los principios, reglas, metas y sueños en común porque luchar.

A pesar de que no nos entendíamos en nada continuamos juntos en unas burbujas llenas de hipocresía. Yo estaba cada vez más lleno de dudas que no me atrevía a compartir con nadie. Ella inventaba una excusa para justificar el problema y para rematar me culpaba, lo cual era irritante. ¿Por qué eso nos pasaba a nosotros?

Llegué a pensar que era imposible comprender a una mujer y que la vida en pareja es como una caja de pandora porque uno no sabe lo que contiene. No quería admitir nuestro problema para solucionarlo lo antes posible, y se fue agravando hasta que llegó lo peor.

Nuestro primer hijo

Yo quería una niña, pero la sonografía proyectaba lo opuesto. Llevaron a mi esposa a la maternidad porque no se pudo esperar más. La decisión fue tomada y todo transcurría tan de repente que parecía estar en una pesadilla. Por la presión arterial alta y los pies hinchados, la doctora ordenó seguir administrando el sulfato de magnesio. El monitoreo pasó a ser cada sesenta minutos y le practicaron análisis de orina y otros exámenes.

Creímos que para el día siguiente todo habría terminado; sin embargo, no fue así, la pesadilla apenas comenzaba y su cuadro empeoraba. Debido a la gravedad fue necesario trasladarla a un hospital más sofisticado esa misma noche. Yo no había dormido nada y ella desde la noche anterior la había pasado sin cerrar los ojos, pero cantaba y leía salmos en una minúscula Biblia maltratada por los años. Mi atención no se despegaba de la pantalla de ondas serpenteantes de colores que mostraba sus signos vitales. Finalmente ganó la vida y nació nuestro primer hijo.

Cinco años juntos, pero al borde de la separación

Al cumplir un quinquenio de matrimonio tuvimos que ir al hospital de nuevo. La pesadilla de la separación. Recuerdo que eran como la cinco de la tarde cuando me llamaron de ese lugar. Las imágenes comenzaron a desfilar como una película ante mis ojos, las discusiones, las peleas, las reclamaciones de ella, de sus hijos, de su hermana, hasta de mi suegra.

Todos parecían tenerme odio, como si yo fuera el villano. Los problemas seguían sin una solución. Yo consultaba todos los profesionales. Desde psicólogos, psiquiatra, Fran masones, pastores hasta los hechiceros del misterioso África. Nada. De mi nadie se preocupaba, ni mi madre quien me tuvo en su seno; simple y llanamente, me odiaban. Todo me salía mal. Una mala suerte me cayó como una lluvia helada, congelando todo en mí. Creo que si pudiera mirar al sol ese desaparecería. De los hijos ni hablar, fueron los primeros, era como si alguien les adiestrara para actuar conmigo así, sin preocuparse por mí. Mi esencia varonil me había abandonado.

Llegué al hospital porque me llamaron dizque para dar una autorización, aunque creía que Ninika no necesitaba nada de mí porque lo decía siempre: "yo no te necesito para vivir, no eres indispensable para mí". Sin embargo, ahí estaba en carne y hueso en una sala de aquel hospital porque según las normas que rigen el matrimonio de los cónyuges, debía estar ahí para firmar una autorización de consentimiento.

No me gustan los hospitales porque detesto el olor a medicamentos y el químico que usan para limpieza de las heridas. El piso gris exhalaba un frescor limpio y oloroso que ocupaba mi nariz desde entrar en el ascensor y seguí por el largo pasillo que conducía a las salas. Unos pacientes arrastraban los pasos, llevaban una extraña blusa gris con hojas de trébol verde aceituna amarradas, con un millón de nudos en sus espaldas. Me preguntaba si no era mejor poner un zíper en vez de aquellos tristes nudos, que dejaban entrever la espalda semidesnuda de los enfermos. Todos olían a hospital.

En la pared a la izquierda, un mural en el cual figuraban nombres de médicos destacados en una lista de aquí al cielo. Rogaba a Dios para no encontrarme con alguien herido porque no me gusta ver la sangre, peor aún olerla. El olor de ese líquido me daba asco, aún desde niño.

En la sala, el vaivén de los médicos y enfermeros ya me tenía nervioso. No sabía qué hacer. Había aparatos aquí y allá que pitaban sin cesar. Unas bolsas claras contenían un líquido que goteaba en un larga y fina manguera transparente anclada en la carne de la gente. Todo eso hacía aumentar mi nerviosismo desde mi entrada por el pasillo. En cada cabina se oía la voz de algún paciente.

Por fin llegué a donde estaba ella. Yacía tendida en la camilla del Jewish Hospital y sus ojos enrojecidos recorrían una vez más las frases de su Biblia, en un ritual que parecía no tener fin. Ahora ella era apenas una sombra escuálida de la mujer radiante y fuerte que conocí cinco años antes en el aeropuerto de Montreal; lucía un aire diferente, muy diferente.

Su rostro no tenía el mismo brillo, unas canitas se habían adueñado de la que fue su linda cabellera ondulada de color oscuro, de caoba bruñida. Nuestras constantes peleas le habían dibujado amargura en el cutis. Pronto se le iba a caer todo el cabello o tal vez tomaría la triste decisión de raparse la cabeza, pero eso no sería un problema, después de cierto tiempo su pelo crecería de nuevo. ¿Sin embargo, resistiría su cuerpo al tratamiento? No, no lo creo, había sido diagnosticada con cáncer y este había avanzado a nivel cuatro. El futuro era incierto.

Como si eso fuera poco, recibí una tremenda sorpresa que tornó la situación más dramática: ella estaba embarazada y no era un bebé, sino dos. No sabía qué decir, si festejar o quejarme. ¿Quejarme de qué?, ¿y con quién? Además, ¿de qué me serviría? La enfermera que me dio la noticia estaba con una cara de felicidad un poco exagerada. No sé porque los profesionales de la salud tienen esa manía de sentirse satisfechos para dar noticias, son demasiado raros. Mientras ella hablaba yo buscaba en mi mente una explicación.

No sabía nada de ese embarazo, talvez Yvenka tampoco, pues estaba en tratamiento de su cáncer. Entró un señor de unos cincuenta años con un aparato en la mano derecha, llevaba un estetoscopio azul alrededor de su cuello, vestía todo de verde. Se me aproximó y dijo: "no se preocupe, su esposa va a reaccionar positivamente, el feto no será afectado. Le llamamos para que pueda firmar el consentimiento y proceder con el procedimiento. Todo va a salir bien. Ah, era una broma, es un bebé no dos. ¡Felicidades, papá! Firme aquí".

Sentía que no me estaban diciendo todo, que maquillaban la explicación y no querían advertirme del peligro, pero yo lo intuía; había un riesgo con el tratamiento a la embarazada. El médico me llevó a su oficina para hablarme un poco de ello. Estaba decorada con corazones, creía que era porque amaba mucho su trabajo y por curiosidad le pregunté el porqué de tal decoración, me respondió que era cardiólogo. ¡Vaya sentido de humor de esos médicos de ahora! ¡No me imagino si él hubiera sido urólogo o ginecólogo!

"¿Con un cáncer nivel cuatro y un bebé en camino? ¡Lo que nos faltaba!", "de quién será", me preguntaba, pensando en alguna infidelidad. La situación no pintaba nada bien, nosotros habíamos acordado divorciarnos unos meses atrás.

Efectivamente, yo había hablado con antelación con una oficina de abogados y cierto día, al regresar del trabajo, las cosas se pusieron color de hormiga. Apenas llegué a la casa, ella comenzó con las peleas de siempre, discutía tanto que mi cabeza parecía reventar. Di media vuelta y salí; sentía ganas de estrangularla. Me fui al parque, a unos doscientos metros de la casa, para disipar la mente. Mi celular sonó, era la oficina de abogados que me llamaba para hablar con nosotros sobre las pautas del proceso.

El abogado dijo que debíamos guardar abstinencia; cero relaciones sexuales por un año, para ser exactos. Después de ese tiempo, entonces y solo entonces, podríamos comenzar los trámites del divorcio. Así lo hicimos al principio, pero cuatro meses después se rompió el pacto, debió haber quedado embarazada ese día.

Yo le había hecho saber que no quería más hijos, mucho menos con ella, así que la noticia me tomó por sorpresa, como un balde de agua helada. "¿Cómo que está embarazada?", me cuestionaba. Ahí me di cuenta de que algo estaba tramando contra mí. Tal vez mi suegra la pitonisa Africana o su hermana eran las autoras de ese complot.

Yo sufría, pero eso no sería nada comparado al sufrimiento que padecería después, una semana antes del cumpleaños número cinco de nuestro hijo Adu quien nació con problemas y requería cuidados especiales.

Ahora estaba ella hospitalizada. Nada parecía preocuparle, seguía con su Biblia mientras una enfermera le tomaba la presión sanguínea. Me quité de su lado y fui hacia la ventana. Tendí la vista a unos metros a la izquierda del complejo del hospital, unos pacientes entraban y salían. De repente una gran mariposa negra salió de la nada, volaba de un lado para otro sin cesar y desapareció tal cual como había aparecido. O al menos eso creía, porque se posó frente a mí en el vidrio.

Cinco horas habían transcurrido cuando vi la mariposa de nuevo, imponente, parecía querer romper el cristal y entrar a la fuerza moviéndose del extremo izquierdo al derecho, de arriba hacia abajo. En un momento más desapareció, se cansó, pensé y empecé a buscarla frenéticamente hasta dar de cara con ella. Sentí un gran escalofrío, estaba tan pegada al cristal que daba miedo y vino a mi mente algo. Había escuchado a mi abuela decir que las mariposas negras presagiaban cosas. Sentí un corrientazo en todo mi cuerpo y se me pusieron los cabellos de punta.

¿Qué será lo que presagiaba ese insecto volador? Sea lo que sea quería saber. Yvenka no la vio, pero también creía haberle escuchado hablar de que cuando una mariposa negra volaba cerca, alguien iba a fallecer. Me sentía triste, con un nudo en la garganta que me impedía hablar y sudaba frío.

Ahora no tenía miedo de las piruetas de la mariposa sino de la muerte. ¡Muerte!, ¿de quién?, me preguntaba. Aunque entre Yvenka y yo nada andaba bien, aunque uno quisiera ahorcar al otro, morir sería algo horrible, de solo pensarlo me aterraba. Los muertos tienen un aire muy feo y misterioso. ¡Qué horror! Lejos de mí verla morir, además sería el infierno con mi suegra. Pero infelizmente, así sería era el plan del enemigo acabar con nuestra vida. Mientras estamos tratando de solucionar aquí en algún cementerio, se realizaban hechizos a nuestra suerte.

Me di media vuelta, di la espalda a la ventana. Ella ya no leía más, había puesto la Biblia medio abierta en su pecho con el índice de su mano derecha dentro de ella, como si la lectura no terminara. Tenía los ojos cerrados, la llamé para preguntarle si estaba bien. Respondió que sí.

Aquella tarde en el hospital, por primera vez entendí lo que sucedía conmigo. Yo estaba perdido. No nos odiábamos de verdad. Sentía que cada gota que caía de la bolsa del suero era como un torrencial que inundaba mi alma. No sabía qué hacer o sabía, pero algo me retenía. Estaba casado en papel, cumplía mi rol de marido al acompañar a mi esposa al hospital, sabía todas las normas del matrimonio, pero en mi cabeza solo había teorías.

Pensé en cuán tristes fueron mis primeros años de casado. Todos los días iba al trabajo y regresaba triste. Me acostaba en mi cama afligido rumiando todas las noches mis angustias. Al día siguiente iba a trabajar, y al regresar repetía la misma ceremonia.

Yvenka, la mujer que encontré cinco años atrás en el Aeropuerto Internacional de Montreal, ya era madre de tres hijos de una relación fallida. En aquella ocasión llevaba un vestido de tela fina, que dejaba entrever la silueta de su belleza intacta, complementado con un collar de oro que dormía sobre una minúscula mancha demasiada blanca, que bajaba hasta perderse en el escote que dejaba entrever las formas de sus pechos redondos y firmes, debajo de aquel vestido verde claro con florecitas blancas. Aprecié su rostro de óvalo, ojos color de miel y labios finos.

En aquella ocasión llevaba un bolso negro al hombro, tenis blancos y arrastraba una maleta negra a medida que avanzaba la fila para el chequeo de inmigración. Ese cabello ondulado, largo y negro que le cubría la espalda, apenas quedaría en el olvido. Aquella sonrisa blanca como la nieve... Sí, había cambiado, había envejecido en muy poco tiempo. Sin embargo, andaba apenas en los treinta... Miré para un lado y para otro.

Me preguntaba dónde estaba aquella mujer con la que me había casado. ¿A dónde se habría ido? Nos habíamos casado, se supone que deberíamos ser felices, pero no. Aunque oraba, parecía que a Dios no le importaba, sin embargo, solamente Él sabe cuántas veces me acurrucaba en la cama sintiéndome solo. Sin sueño, y rumiaba en silencio mi tristeza.

Ahora estaba ella acostada con esa bata gris. La contemplaba en silencio, tragué saliva y sentí que nos transformamos ya en unos viejitos por el estrés provocado. Veía sus ojos color miel y su mirada penetrante me hacía revivir aquel día de nuestro encuentro, el Día Internacional de la Mujer. Era un día muy especial porque iba a encontrar a su madre que había viajado días antes y la esperaba. Yo iba a encontrarme con mi tío, quien pasaba por el proceso de divorcio.

Un viaje al pasado

Esa mañana, ocho de marzo, era mi último día en Montreal, Canadá. Me despedía de ese pedazo de tierra frío y me acercaba al calor del amor de una mujer en las nubes. Tenía un encuentro marcado con mi tío que viajaba de Estados Unidos, íbamos a vacacionar en Haití y él quería que le acompañara. Yo no había dormido nada, pensaba en aquel viaje, pues era mi primera vez en ese país.

Recuerdo que un rayito de sol en forma de ángel penetró en la habitación a través de las cortinas y dejó caer un aro de luz blanca que se posó sobre la mesita de caoba donde coloqué el bolso de mano con el boleto y mi pasaporte. Tímidamente, se despertaba Montreal en el frío del invierno. La nieve cubría todos los edificios en redonda hasta perderse en el horizonte. Algunos camiones habían comenzado la labor de limpieza, la nieve se retorcía entre las palas mecánicas sobre el asfalto agrietado. En las aceras se veían huellas salpicadas de aguas sucias en los bloques de nieve amontonadas. Me había quedado dormido, rápidamente fui a darme un baño y alistarme.

Revisé mis redes sociales, en el WhatsApp había perdido muchas llamadas de mi amigo Ramón y de mi tío con varios mensajes de audio. Al momento, Ramón me llamó diciendo que estaba en camino y que me alistara para salir, él había sido mi anfitrión durante esos días. Mis bagajes ya estaban preparados y lo esperé en el lobby del hotel. El aire me traía al olfato el aroma del espacio recién limpiado, era como un olor a mandarina mezclado con limón.

Esa fragancia me trajo muchos recuerdos de mi abuela, en su casa el olor se mezclaba con el de café recién colado. A lo lejos oía su voz melodiosa y los cantos de los parajillos y los gallos de pelea del señor Alfonso Santana Fernández, que hacían un concierto unísono fuera de lo común en la gallera. Así despertaba todas las mañanas cuando visitaba a mi abuela en San Cristóbal.

Me puse una camisa azul, pantalón y zapatos negros. A medida que avanzaba por el pasillo, la fragancia de mandarina con limón acariciaba mi olfato. Bajé en el primer ascensor y entregué la tarjeta de uso de la habitación en la recepción. Era un lugar muy precioso con un diseño impactante, el interior iluminado por unos grandes candelabros y otras luces en el hueco del techo en tercera dimensión. Una obra mixta, con un aire contemporáneo y moderno, equipado de una tecnología de punta, todo funcionaba con una tarjeta.

Había unos canapés móviles de color negro con formas de tronos sobre el piso de madera reciclada que conducía a tres grandes ascensores. En un corredor a la derecha, unas instalaciones de spa y magnífica piscina interior al lado de una sala de gimnasio y unas ventanas panorámicas con vista de la ciudad, un verdadero oasis de tranquilidad. En los muros de color beige había obras de arte expuestas.

La gente entraba y salía, unas señoras negras, cuatros ancianos y dos jovencitas blancas se me aproximaron comentando sobre la temperatura. Algunas personas hablaban italiano, otras portugués, inglés, ruso y español.

Dos preciosas chicas atendían a los huéspedes. Una lo hacía por teléfono. En el muro, detrás de ellas, estaban colgados siete relojes de pared cada uno con el nombre de un país con sus respectivos husos horarios. Unos hombres altos con cabellos rubios, creo que eran ucranianos o rusos, estaban ahí frente a un poste de metal negro con varias flechas, cada una indicaba una dirección. Llevaban escritos nombres de países, y tenían grabados los kilómetros de cada uno hasta el hotel.

Otros individuos que estaban sentados leían revistas y algunos más revisaban sus celulares. Al lado de uno de los tres grandes floreros estaban sentados frente a frente dos individuos, uno negro y el otro blanco. El moreno era alto, su cabeza medio cuadrada dejaba ver sus grandes ojos, llevaba una bufanda rosada que caía sobre el manto gris y un saco marrón colgado que decía en letras raras: Ecole de pensée (escuela del pensamiento). El otro, un hombre de estatura mediana, medio grueso, vestía un jean azul y zapatos convers crema, medio mugrosos; su barba parecía ensuciarle la cara hasta la punta de la nariz y tenía en su mano un objeto extraño negro al que le daba vueltas sin sentido. De vez en cuando reían entre sí, se abrazaban y se pasaban la mano.

Félix Smith Estevez

Di media vuelta en el lobby del hotel frente a la decoración espléndida que me había dado la bienvenida días antes. De repente había sentido deseos de dar una última visita en los alrededores del hotel antes de partir para el aeropuerto, aunque hacía un frio del diablo afuera que apenas un minuto después me congeló el cerebro. Era mi vuelo de regreso hacia República Dominicana tras unos días de vacaciones.

Vi llegar el miniván de Ramón y le hice señal. Dibujó una gran sonrisa debajo de su enorme bigote, me miró como diciendo: "discúlpame la tardanza hermano". Yo estaba tieso como rabo de macaco, un minuto más me hubiera dejado sin cerebro. ¡Vaya país de frío!

Me costó gran esfuerzo subir al vehículo, un aire caliente que salía de adelante chocó conmigo. Saqué los guantes y puse mis manos para descongelarlas. Ramón se reía a carcajadas, es de esa gente muy alegre. Llevaba más de cuarenta años viviendo en Canadá, casado con Lubna, una rubia de ojos verdes, quebequesa muy amable con un cuerpo que envidiaría cualquier moza de veinte.

Todos los días, a pesar del frío, Ramón me había llevado a visitar un lugar distinto, al viejo puerto de la ciudad, a patinar sobre hielo, a comprar en algunas tiendas. Mi cabeza estaba llena de ese paisaje que pintaba la cara de Montreal. Las imágenes desfilaban en mi mente como una película en blanco y negro. La voz de Ramón parecía la de un guía turístico, explicaba cada detalle, parecía conocer de memoria la historia de todos los edificios y saltaba de un tema a otro.

Hablaba de su salida de la República Dominicana a Haití y de ahí a Canadá con menos de cien dólares en los bolsillos y ahora disfrutaba de su jubilación. Me había contado eso ya un millón de veces, pero le añadía más detalles. Tuvo que trabajar muy duro para crear su fortuna. Mi cerebro y mis dedos se descongelaban, el dolor que sentía era como si alguien hiciera surcos con un bisturí arrancando las uñas de los dedos y rasgando mi carne sin anestesia. Era insoportable el dolor, apenas me contenía para no llorar.

Afuera, el vehículo roncaba a medida que devoraba el vacío de la autopista que parecía una larga mancha gris serpenteando en un inmenso frigorífico. Los neumáticos especiales al tacto de sus ganchos metálicos que crujían en el asfalto mojado parecían un concierto musical acompañado de cascos de caballos por toda la trayectoria.

"¡Eso es Canadá, hermano!", me dijo Ramón, en un casi grito de alegría y satisfacción. Poco a poco, a medida que avanzábamos hacia el aeropuerto me decía que si quería ver la belleza de Canadá volviera en las otras estaciones, pues yo seguía creyendo que los árboles estaban secos. "Amigo", decía, "vivir en este país te hace comprender las cosas de una manera distinta, sus cuatro estaciones reflejan la existencia misma, también la vida de un matrimonio". No pude entender lo último que me quiso decir.

Me preguntaba de dónde sacaba tanta felicidad. Tomó un sándwich que olía bien del mini iglú, me lo dio y dijo: "Come, te lo preparé con mucho cariño", mientras tanto chequeaba en el retrovisor. Contaba un chiste tras otro, nos reíamos porque sus chistes eran demasiado hilarantes, sobre todo cuando se ponía serio para no reír. Su calvicie le daba un aire cómico y reíamos a carcajadas.

Aprendí una lección de vida: al mal tiempo buena cara. Por un lado, el frío por poco me hizo llorar y gritar de dolor, por otro, con los chistes el dolor había desaparecido. Aprendí que reírse un poco mata la tristeza. Ramón era alguien muy feliz. Me preguntaba porque no se había lanzado a la carrera de comediante tipo stand up.

Le pregunté si siempre era así, me sorprendió cuando me dijo: "la vida no es totalmente color de rosa, sin embargo, para ser feliz no importa el color. Diez años atrás pasé por el peor momento de mi vida. Durante un viaje a Nueva York, en una de mis visitas semestrales para ver a la familia, fui a parar en un hospital, tras un paro cardiaco. Estuve al borde de la muerte, y la mujer con la que me casé me dejó cuando más la necesitaba.

Soy un sobreviviente de cáncer, luché y luché por mi vida, volví a mi país y me puse en las manos de Dios, quien usó a un siervo suyo para sanarme con un remedio de plantas. ¡Gracias a Dios, hoy estoy vivo! Todo se lo debo a Él y a su siervo quien me obsequió un libro. Ese libro me transformó la vida".

De repente su celular sonó, era su esposa. Cuando terminó la conversación me miró y sonrió, "ella es mi segunda esposa", me comentó, "cuando traje a la primera de República Dominicana, creía que seríamos felices, pensé que era mi media naranja, pero salió toronja con un libro de matemáticas en su interior. Hoy estoy feliz. Perdí mi melena, pero estoy más dichoso que nunca con mi pareja", dijo con una carcajada que me hizo reír también.

Ramón continuó diciendo: "Una vida modesta produce más felicidad que una vida atrapada en la carrera por seguir el éxito". Esa es la teoría de uno de los hombres más simples y extraños: el científico de la ley de la relatividad, Albert Einstein. Me sorprendió saber que pensara así de la felicidad. Estaba pasmado por su relato, nunca había imaginado que esa cara alegre escondiera una historia tan dramática. Por otro lado, mi preocupación por mi tío crecía.

Sentí un frío que me atravesó de los pies a la cabeza. No era el frío del país, más bien del miedo que sentía. El tío Caleb era alguien a quien yo estimaba mucho; aunque su esposa nunca me cayó bien, no quería que le llegara a pasar algo como le ocurrió a Ramón, no sobreviviría si le llegara a suceder. El ser humano es inconforme, mi tío sueña con ser calvo, no tiene barba, quisiera que fuera mi caso y pensaba en un trasplante. ¡Vaya mundo loco!

Estaba muy intranquilo por mi tío materno, que me había cuidado cuando estaba niño. Éramos muy amigos, pero todo había cambiado de repente al casarse; su esposa era la causante de que él hubiera roto la relación que tenía con los demás. Ahora su vida corría peligro, el mes pasado me dijo que se salvó de milagro al volcarse barranco abajo el container que conducía.

Un mes atrás tuvo un ACV (Accidente Cerebro Vascular), de haber muerto, su esposa se beneficiaría del seguro de vida de un millón de dólares. Para su desgracia, ella sabía lo del seguro y hacía de todo para causarle más disgustos a ver si moría.

Me acordaba cómo después de diez años sin hablar conmigo ahora pasaba muchas horas en el teléfono. Al principio no quería escucharle hablar de sus problemas pues yo no estaba cuando todo era color de rosa. Lo hacía por amor de Dios. Él batallaba con el insomnio, y no conseguía dormir ni de día, estaba dispuesto a ayudarle y tomar el papel de psicólogo. Me había dicho que se quería suicidar, lo que me aterraba, por eso le insté a ir de vacaciones conmigo.

Mi tío le había dado de todo a su esposa durante diecisiete años, ahora ella lo quería muerto, aunque les decía a todos que era él y hasta yo le creí, pero cuando fui a su casa se le cayó la máscara, se había tornado en una diabla y mi tío Caleb estaba viviendo con ella.

Ramón estaba a mi lado y hablaba, pero no le oía, solo mi cuerpo estaba ahí, mi mente estaba lejos, pensando en mi tío mientras pasaban las imágenes unas tras otras. Evidentemente, él no quería el divorcio, sin embargo, esa opción era mejor que la muerte. Habíamos hecho de todo con él y ella para evitar lo peor. ¡Pobrecito mi tío!

Mi tío Caleb había emigrado al caribe de Dominica a Santo Tomás. Compró casas y autos para su esposa Juliana, una morena alta, de ojos grandes, negros e intimidantes, que tenía glúteos semicúbicos, cara alargada, labios carnosos y una sonrisa demasiado grande a veces, cuyos dientes lucían alineados con la devoración oscura de su encía, con un microespacio que dividía su maxilar superior en dos. En el medio, en forma de una pera interdental, sobresalía su sonrisa; ese charme me enloquecía y me daba mucho placer cuando sonreía. Solía cantar muy bien en la coral de la Iglesia. Pero ahí también en la iglesia es donde hay más problemas matrimoniales.

Ella tenía dos hijos de mi tío Caleb. Dos preciosos muchachos que Juliana manipulaba contra su propio marido el papá de sus hijos, quien había roto la relación que tenía con toda su familia por esa criatura del mal, inclusive conmigo y mi papá. Por eso cuando la mujer lo dejó se quedó solo, apenas unos sobrinos, de los cuales yo era uno, le apoyaban.

Cuando era adolescente, yo vivía en un apartamento frente a la casa de mi tío, lo había alquilado mi papá, un hombre recto y concienzudamente cristiano adventista del séptimo día, aquellos que adoran y guardan el Shabbat como los judíos.

Un día vino una sobrina de Juliana a visitarla, pero la verdad no era una visita, era para quedarse. La recuerdo, una mulata alta, flaca, su sonrisa era casi idéntica a la de su tía, de cabellos largos, castaños, ojos grises y dedos largos de pianista. Tenía casi todo de su tía excepto aquel espacio entre los dientes. Frecuentaba la misma iglesia y nos hicimos amigos.

Paso a paso, lo que era apenas un "pequeño capricho" como decía su tía, se tornó en algo serio hasta convertirse en amor. Amor de adolescente: yo tenía diecisiete años y ella veintiuno. Juliana se oponía rotundamente, rehusaba pensar que su sobrina llegara a tener una relación amorosa conmigo. "Pequeño capricho", eso es como una muletilla que se repite en las telenovelas.

Yo era un novato, no tenía experiencia, pues en esa etapa de la vida no existe amor, solo atracción física y desenfrenado deseo de placer carnal. Sin planes ni preparación emocional, sin visión, aquel amor llegó a su fin. La tía triunfó y hoy entiendo que fue por mi falta de madurez, uno de los factores que causan muchos problemas en parejas. Es una clave importante, en los capítulos posteriores hablaré de ese tema.

Por un buen tiempo para mí el amor no existía, ni pasión, ni atracción física. Todo el mundo tenía a quien amar, menos yo. Se corría la voz de que era gay y se burlaban de mí; no tengo nada en contra de esa población, creo que son una versión completa del hombre; nunca he visto un miembro de esa comunidad que no tenga mucho conocimiento y talento, financieramente son fructíferos e independientes y felices. Admiraba la alegría que emanaban.

A través de la amistad que mantuve con algunos, me di cuenta de algo: la vida es para celebrar, crecer y ser feliz. Mi heterosexualidad nunca fue cuestionada por ellos. Algunos parecían descubrir un gran secreto que llamaban de Control Mental, que consistía en la higiene o limpieza de la mente. Hacían una especie de meditación y repetían frases como: "Cada vez estoy mejor en todos los sentidos". Seguí con ellos hasta que unos nuevos integrantes comenzaron a usar drogas y decidí no continuar en las reuniones que llamaban sesiones.

La gente me seguía criticando, me ninguneaba y me tildaba de poca cosa por haber tenido amistad con miembros de esa comunidad. Aquello no me importaba, sabía que había aprendido algo. Al enterarse, Juliana comenzó a atacarme, si yo me enamoraba de cualquiera jovencita, eso le molestaba y buscaba mil maneras hasta separarnos. Ahí entendí que el asunto era en contra de mi felicidad y no por celos de su sobrina. Lo había hecho un millón de veces, incluso se lo hizo a su matrimonio.

Volviendo de mis remembranzas

Al volver a la realidad vi que en la ventana aún estaba la mariposa negra como la misma noche en una taza de café. Sin embargo, no parecía inocente, era un mensajero del más allá, de cabo a rabo. En todo el país sabían alguna historia de la mariposa negra. Tenía miedo de quedarme ciego, pero no, la mariposa, como una momia petrificada dentro un gran sarcófago del espacio, estaba afuera, del otro lado de la ventana. Era sí mensajero del más allá. Alguien cercano nuestro hacía brujería contra mí. Lo que descubriría después de nuestra separación cuando vi que la naturaleza estaba en mi contra. Todos huían de mí. Mi mujer llama a la policía para llevarme preso con acusaciones feroces con fin de quedar con mis hijos.

Mi padre solía decir que eran una especie de polillas que ayudan a polinizar flores y plantas durante la noche y se alimentan de jugos de fruta fermentada, y para protegerse de los depredadores suelen refugiarse en la sombra, por eso, posan en ventanas, puertas y balcones de las casas. Pero no era todavía de noche cuando apareció la esfinge negra en el verdoso transparente del cristal.

Un anuncio me sacó de mis pensamientos: el resultado era preeclampsia, ahora no sabíamos qué decir, no me gustaba nada la situación. Ella tomó mi mano. Mientras los médicos decidían, imágenes turbias surcaron mi mente imaginando su historia: los zombis, la muerte, el amor, el feto…

Nikita, me tendió una mirada tierna, sin decir palabras, como si dijera muchas cosas a la vez tratando de tranquilizarse para mantener el nivel de la presión sanguínea baja y esquivar lo que temíamos, la preeclampsia. Horas después el cuadro parecía mejorar, si seguía así podría llegar hasta terminar los tres meses que faltaban. Pero, ¿su cuerpo resistiría?, me preguntaba. Los doctores seguían con la ida y vuelta.

Los pies estaban menos hinchados, la presión más baja, todo indicaba que podría recibir el alta si normalizaba el cuadro clínico, pero el cáncer estaba muy avanzado y eso aumentaba la preocupación. El anhelo del equipo médico era salvar las dos vidas, por lo cual dispusieron suministrar betacaroteno para prevenir cualquier eventualidad y fortalecer los pulmones del feto. Después de seis largos meses de embarazo, una posible cesárea era la luz en el túnel, pues la presión no bajaba y había que evitar la preeclamsia.

Yvenka era un caso especial, un desafío para la medicina desde del diagnóstico de placenta previa y aquel cáncer que era como un turista maligno. Todos sus familiares y amigos oraban por su bienestar. Ella parecía calmada, yo sospechaba lo contrario, pues consideraba que la reciente muerte repentina de su madre y su hermano menor, le robaban la paz.

Las imágenes no paraban de desfilar como en la tela del cine mientras jugueteaba con el brazalete de plástico que tenía grabada en letras dactilográficas de color azul: Mary Yvenka Ajax, nacida mujer, el 26 de diciembre, hija del señor Yvenson Ajax Piker y de la señora María Alourdes del Carmen, quien a propósito había fallecido justo a dos años de haberse convertido en mi suegra, una señora dulce y rencorosa al mismo tiempo.

Aquella noche, allá dentro de ese hospital los nervios me traicionaron y tuve un miedo que nunca había sentido. Pedía en mi corazón que ella sanara, sí, yo quería ese milagro que todos pedían. Solo eso podría normalizar y sacar a Ninika de esa camilla. Se estaba mostrando fuerte, pero yo sabía que lo hacía para no afectarme.

Aquella mirada suya era como un pedido de fuerza para vencer. Si bien ella tenía una elevada dosis de paciencia y resistencia, de la Dios quería que yo aprendiera. Le gustaba asumir nuevos retos. Ambos habíamos trabajado para ver su sueño realizarse: ser psicóloga algún día. De repente, las historias que ella me había contado de su pasado llegaban y desfilaban en mi mente como en una película una tras otra. Y cuando me pasa así busco una biblia y leo los siete Salmos de la penitencia como me habían aconsejado los ministros espirituales. Como no tenía mucha fe en ello casi nunca veía resultado. Salvo algunas ocasiones, pero no podía creer que un miembro de mi familia pudiera estar detrás de mi destrucción. No confíes en nadie. No todo el que es de tu misma sangre y ADN te ama de verdad. Caín y Abel eran hermanos. ¿Adivina quién asesino a Abel? Su propio hermano. Muchas veces la destrucción está dentro de familia.

La vida anterior de ella

Yvenka había llegado en septiembre del 2001 a los Estados Unidos, era una joven responsable y dispuesta a persistir en lo que hiciera falta para alcanzar su objetivo. Por ser todavía menor de edad fue a vivir con sus medios hermanos: Celestina, Alix y Pedro Antonio Borge, quienes residían en el país hacia quince años.

Celestina no quería que ella estudiara, le decía que lo importante era trabajar y ganar la vida por cuenta propia. Le llenaba la cabeza con lecciones de moral y le prohibía hablar con los jóvenes de la vecindad. Por otro lado, ella misma llevaba una vida amorosa en secreto con alguien que conoció en el avión el día que viajó y resultó ser su vecino. Yvenka encontró a la pareja teniendo relaciones cuando salía de la escuela de inglés y Celestina, al ser descubierta, armó un plan para que Maurice, un solterón que tenía mucho dinero, saliera con su hermana.

Este hombre la acosaba y tras varios intentos de violación, amenazó con brujería para convertirla en zombi, lo cual le causó mucho miedo. Avergonzada, decidió no contarle a nadie y dejar de estudiar para trabajar e independizarse. Sola, lejos de su familia, la vida le había arrebató lo que más quería, la paz mental, hasta que llegó a Nueva York, donde reencontró a Dios y frecuentaba la iglesia, sentía que cantar y orar le traían alivio, por lo cual cantaba hasta más no poder.

Como si todo eso fuera poco, una noche, ya casada, soñó que un espíritu se adueñaba del cuerpo de su marido Joe. No dormía, pero solo ella veía aquel evento. Desde entonces, todo iba de mal en peor, su relación cojeaba sin fuerza hasta el día que descubrió la infidelidad de su esposo, que la traicionaba con una amiga en complicidad con su cuñado.

Cada momento saltaba de una escena a otra, de la traición a cuando intentaba terminar su relación con aquel hombre, pero tras darse cuenta de su embarazo, decidió perdonarlo y continuar su vida, pero no quería quedarse sola con un niño para cuidar y así se encontró con otro bebé.

Sus noches eran de batalla espiritual, su lucha con los zombis en sus sueños y los demonios que querían llevarse a sus hijos. Nadie los veía, pero ella sí, estaban ahí, en forma de gatos, escuchaba voces de mucha gente, de ríos crecidos. Eran los efectos de la magia negra de una mujer que un día fue su mejor amiga, y desde Luisiana comandaba aquellos tormentos. Parecía que todos los zombis de Luisiana, estado donde vivía su amiga, la perseguían hasta en el frio invierno canadiense, tras su salida de Estados Unidos a Canadá.

Una vez más inmigrante en su nuevo país. Sola con dos niños, la situación se complicaba por ella. El clima la gente, todo parecía al revés si bien habla inglés, pero aquello no era suficiente. Le faltaba algo, la paz. Al principio quería vender todos sus trastes y regresar a Estados Unidos, donde vivían sus parientes, pero no quería arriesgar su vida. En el auge de una depresión es diagnosticada con cáncer. Todo cambiaba tan de repente en su vida. En su iglesia la llamaron para decirle que alguien quería verla, era una señora de Camerún quien le contó entre lágrimas como logró escaparse de su marido quien la maltrataba mucho y el plan que armó fue ir con su marido a visitar Canadá y después escaparse un día antes del vuelo de retorno.

Por pedido de su pastor Bindu, el filipino, Ninika hospedó a aquella señora en su casa, como a su madre, para ayudarla en su pedido de asilo. Ella le fue de mucha ayuda y una guía espiritual, oraban juntas y hacían ayuno, lo que les aumentaba la fe. Lo que diferenciaba a las dos mujeres es que una ya iba y la otra apenas llegaba a la vida. Eran como madre e hija, se daban fuerza para encontrarse cuando se sentían perdidas. Entre llanto de mujeres, apoyó su cabeza en las piernas de la señora mientras revivía cada momento de su vida. Por todo lo que tuvo que pasar. Como en una película que desfilaba en su mente. Veía con sus ojos aguados así misma con aquella carta triste, donde cada letra parecía monstruos que la perseguían.

La carta de deportación y partió de los Estados Unidos para Canadá en busca de una vida mejor, donde el destino haría que nos encontráramos para amarnos. "Para llegar a Canaán fue preciso cruzar el mar rojo y el desierto" decía su mama. Ahora lejos de todo por fin podía salir para revivir. Y pedía ahora otra bendición especial a la señora para encontrar a alguien que la amara, sin saber que en el mismo avión encontraría a un hombre con quien se casaría dos años después. Ese hombre era yo. El destino así lo quiso no en tanto, la envidiosa no lo aceptaba. De mi parte y de parte mi esposa. Es difícil comprender eso, la brujería del vudú es realmente poderosa. Y está en el lugar y manos que menos esperas.

Félix Smith Estevez

De nuevo a la realidad

Ahora estaba hospitalizada en cuidado intensivo, con preeclamsia y yo tenía el deseo de dejarla lo más rápido posible. Lloraba clamando por un milagro, no sabía cómo haría para cuidar de mis hijos si la madre llegara a fallecer.

Ahí comprendí paso a paso lo que Ramón había vivido con su esposa, aunque quien quería abandonar era yo, pues no soportaba la vida que vivíamos, ella no me complementaba, nada andaba bien, fingía ser feliz al lado de ella, pero el amor se había acabado. Aun así, no la podía abandonar en ese momento, sería injusto. Además, ¿quién le daría soporte moral?

Me faltaba el coraje, aunque no sabría decir si ella haría lo mismo por mí, eso no importaba. Había aprendido con Ramón que nunca es bueno abandonar a tu compañero en medio de un problema porque es cuando reconocemos a los verdaderos amigos. Nunca abrir la puerta de tu avioneta en pleno vuelo. La familia es un avión donde ambos cónyuges es un copiloto. Ambos deben velar porque todo marche bien. Cualquier desvío de ángulo es mayúsculo.

Félix Smith Estevez

Yo no era amigo de Yvenka, era más que eso, a pesar de no soportar sus manipulaciones y su frigidez. Ahora estaba en un mal momento, no podía negarle mi presencia. En mi mente era como si la voz de Ramón narrara las lecciones que había aprendido del libro que le fue regalado: es la unión el secreto que está en esa palabra, la decimotercera letra según el orden latino internacional, la "M" es la que domina la palabra "matrimonio" que es la unión de dos personas. Es una palabra mística (que guarda un gran secreto) y quien lo descubra alcanzará su felicidad.

Estaba pasando no por un mal momento, sino el peor de todos los malos momentos. todo parecía al revés solo por mí. De repente, sentí una necesidad voraz de encontrar ese libro, tal vez podría realizar en mí lo que hizo con Ramón. Si sus páginas tenían tal poder como él me contó, estaba dispuesto a leerlo pues había intentado diversos métodos en vano, solo me faltaba el libro, leerlo y encontrar cómo mejorar la situación.

En discapacidad, debido a problemas de salud, me di cuenta cuán infeliz era, no podía realizar las tareas de la casa y trabajar al mismo tiempo, apenas me preparaba un sándwich. Estaba dispuesto a lo que fuera para ser feliz, tenía que conseguir ese libro a todo costo porque parecía ser algo mágico.

Encontrarme con Ramón era casi imposible, se había convertido en conferencista y terapeuta familiar. "Hola, amigo Ramón, quiero que me prestes aquel libro que transformó tu vida". Ese mensaje recuerdo haberlo escrito y enviado un millón de veces en su cuenta de WhatsApp, con la misma respuesta: "En breve me pondré en contacto contigo", así un día tras otro, semanas y meses sin respuesta.

Comencé a pensar que no estaba destinado a leer ese libro, cuya virtud, según Ramón, era cambiar la vida. Si pudiera recibir ayuda del otro lado... pensaba en mi desesperación. Así transcurrieron dos meses, faltaba una semana para que Ninika y yo decidiéramos si queríamos continuar con el embarazo ya que el tratamiento sería mejor si no estuviera embarazada. Los días avanzaban y mi única solución sería encontrar a Ramón y dar un voto de confianza en su libro y su fe, decidí enviar otro mensaje antes de dormir. Yo no soñaba. No.

Ese día inicié el ritual de siempre para ir a trabajar. Desperté con el sonido de la alarma, abrí suavemente los ojos y me los estrujé un poco, todavía cargados de sueño. Hice una oración y una breve meditación para agradecer a Dios por la vida preservada, fui hacia el baño para higienizarme y alistarme. En la cocina abrí el frigo, saqué el almuerzo que previamente había preparado y puse a hervir el té.

En el balcón, dos ardillas se me habían adelantado y estaban desayunando con una alegría que solo ellas entienden y disfrutan. Extendí una mirada a la distancia, había una nube de pequeños insectos, más allá las barrillas de hierro de algunos balcones, las fachadas de briks rojizos, algunos potes de flores y plantitas desnudas sin pétalo alguno. Allí en el aire se sentían las remotas huellas del invierno con un son ni triste ni alegre. Detrás de cada ventana, uno podía hasta escuchar el ronquido de un silencio sin igual, ni un solo canto de gallo, casi diez años sin oír su canto en las mañanas, en este país.

El agua había comenzado a hervir, lo cual interrumpió mi observación. El agua subía y bajaba mientras el vapor formaba figuras finas que danzaban acompasadamente a medida que desaparecían. "¡Ay, como quisiera que fuera así mi cansancio! Terminar para siempre en el aire, como el vapor", meditaba.

Tomé rápidamente mi tasa y puse un sobre de té en ella, revisé las redes sociales mientras enfriaba mi tisana y tras unos sorbos escuché balbucir unas palabras casi inaudibles, eran de mi pareja, ella debía estar orando. Tomé el último sorbo mientras pensaba en el tránsito que iba a enfrentar y salí. Con cautela descendí los escalones, cualquiera pensaría que contaba cada paso, pero no, no los contaba, evitaba despertar a mis vecinos.

Tan pronto abrí la puerta noté que algo andaba mal. Levanté los ojos al cielo. Sí señor, ¡el cielo! Desde hace dos días se veía tan triste que parecía que iba a llorar. Todo estaba gris como una gran plancha de acero. Una gota y otra... daba la impresión de estar llorando. Tal vez de alegría por la llegada de la primavera. Tal vez sí, tal vez no.

Bueno, lo importante es que hay que ir a trabajar, pensé, repetiría la misma coreografía durante ocho horas. "Si fuera por mí, me quedaría dormido en mi cama; sin embargo, no, ¡no puedo!", me dije, "No por mí sino por mis bolsillos y soy feliz cuando ellos lo son". A veces quisiera ser una ardilla ¿sabes? Comen gratis, suben árboles, bailan hasta al caminar, son apenas mamíferos y son felices. ¿Y yo que soy más que eso, no puedo ser feliz? ¿Humm?

No podía dejar de pensar en el mañana, aunque lo ansiaba, y el pasado como un martillo golpeaba mis pensamientos. A veces quería no pensar, pero siempre terminaba haciéndolo. Las ardillas no tienen a alguien enfermo de cáncer, no saben el dolor de perder a un ser querido, ni un papá ardilla, ni una mamá ardilla. En el frío del invierno o en el calor del verano son felices, viven como si no hubiera un mañana para ellos, siembran por accidente, comen por la gracia del universo. ¡Qué dicha! ¡Qué alegría! ¡Y además no trabajan! ¡Es la felicidad que solo una ardilla comprende!

Me preguntaba si hay un papá ardilla y si se siente como yo o como cualquier papá humano. De repente, comencé a pensar en aquel libro cuyo método me cambiaría la vida, según Ramón. Las gotas se habían multiplicado y volví por una sombrilla. Cuando llegué al trabajo, todos comenzaron a reír a carcajadas, me di cuenta de que era de mí. No porque alguna otra mariposa o una cucaracha que posaba en mi escritorio. No. Por cierto no eran insectos reales almas desencarnadas y espíritus del bajo astral que usan el vudú para hacer daño. Como llegan uno nunca sabrá ya puertas cerradas o muros no les impidan. Sin embargo, esa vez cuando abrí la puerta de mi oficina, y un colega, se me aproximó y me dijo al oído: "¿Todo bien?", "Sí, "respondí. Y el colega me dijo: "Se ríen de ti porque aún tienes la sombrilla abierta, además, no traes zapatos, apenas medias". En efecto una mano del mal trabajaba para destrucción de nuestra felicidad. Y era alguien que nos mostraba amor. pero destruía a nuestros hijos y nuestro bienestar. Escondida detrás del retrato y nos destruía a fuego lento.

Todos hacían chistes de mí, decidí que yo también los haría. Eran chistes hilarantes, unos haitianos y dos brasileños eran los más expertos. Opté por blanco un joven que comenzó a trabajar hacia un par de semanas, un congolés muy corpulento. Venía con un cubo de mezcla cuando le grité: "no, no, no" para asustarle, lo que en efecto conseguí. ¡Pobrecito! La segunda vez hice lo mismo, pero sería la última y no lo sabía. Él venía bien concentrado en su trabajo y cuando estaba a punto de vaciar la mezcla, grité: "no, no, no", esta vez se sublevó contra mí el africano.

Dijo de todo y como era corpulento se aprovechaba de su físico para intimidarme. La situación se había salido de control, quería aplastarme y avanzaba desafiante encima de mí. Cada palabra ofensiva me daba un baño de saliva que yo trataba de esquivar. No puedo negar que sentí un poco de miedo, bueno, no por su físico, por el trabajo, pues la agresión verbal es considerada como si fuera física y es igual a despido y tener cargos como criminal en este cualquier cosa es criminal hasta gritar.

Intenté apaciguar a aquel hombre hecho fiera que expelía un olor sofocante a sudor. Le dije: "si eres valiente podemos ir afuera. Te daré un minuto de lucha digna de hombre". Pero lo que yo quería decir es que no iba a luchar, temía que algo grave llegara a pasar. Así que aproveché y fui a contar minuciosamente lo ocurrido, sin embargo, para mi sorpresa, los superiores me despidieron bajo el argumento de que quería hacer justicia, al decir que no peleaba adentro, pero afuera sí.

Aquello me cayó como balde de agua fría, intenté guardar la calma, pero en mi interior bullía una olla a presión lista para explotar al primero que me hablara. Esa cara gris, con ayuda de sus genios africanos, se había salido con la suya. Todo me iba mal, ahora estaba sin trabajo y comencé a pensar en mis errores y buscar el porqué de todos ellos.

Salí mientras pensé que era un buen momento para encontrar a Ramón y pedirle prestado aquel libro. Llamé al teléfono y por suerte me respondió y se disculpó por no haber contestado antes por falta de tiempo. Me dijo que no estaba en casa, pero que dentro de dos días me daría aquello. Apenas media hora después, la sirena de la policía me obligó a detener por una razón que desconocía, me entregaron una amonestación de multa por cuatrocientos dólares y dos puntos de inaptitud.

Ya no podía llegar a mi casa, sentía que en esa condición no era prudente. Decidí parquear el vehículo y caminar unos minutos para disipar mi mente, al regresar había otra multa en el parabrisas. En ese momento recibí un texto de Ramón que decía: "estaré en la iglesia el sábado, podríamos encontrarnos allá". Todo me salía mal. No suelo discutir. Pero era mi pan de cada día el cual evitaba comer. Y pensaba que el excónyuge de mi esposa pudo haber tenido algo que ver con nuestra situación. La verdad era cruda y triste todavía. No estaba equivocado. Al menos así lo soñaba y como lo que sueño siempre se hace realidad, ya lo era pensé y no había equivocaciones en ello.

El sábado fui a la iglesia de Ramón, el pastor predicaba del amor de Dios, pero yo apenas escuchaba el mensaje, solo esperaba que terminara para que mi amigo me diera aquel libro que, por querer tenerlo, tanto daño me había causado, pero no deseaba convertirme en religioso, nada que ver, no quería ser de los que creen que van al cielo y descuidan su vida personal, como lo hacía mi esposa. Para mí eran todos iguales de esclavos mentales que seguían a un Dios que permitía a unos, dizque pastores, robarles dinero a los pobres infelices.

No creía más en Dios por varias razones: primera, ¿cómo un Dios que dicen que es omnipotente deja a sus hijos vivir en extrema pobreza y a otros en la más grande opulencia? Y si es omnipotente, omnisciente, ¿por qué no resuelve los problemas de este mundo?

Por fin acabó aquella predica. Crucé como una bala al otro lado donde Ramón estaba sentado al lado de unos diáconos, sin duda ellos habían leído el libro primero que yo o tal vez lo querían también. Les saludé con una sonrisa y le aseguré: "hoy no salgo de aquí sin el libro".

Ramón me miró y sonrió. Los dos hombres cruzaron sus miradas y entendí que también lo querían, pero estaba primero y no dejaría pasar esa ocasión.

—Bueno hermanos, él lo esperaba hace dos años, inclusive yo mismo se lo prometí hace cinco años — dijo Ramón — lo va a leer y lo pasará a ustedes después. Dicho eso, sacó de su maletín aquel libro que era medio raro.

—Aquí lo tienes, léelo, practícalo y cuídalo. Si ese libro se llegara a perder, estarás en deuda no solo conmigo sino con todos los que lo esperan. Es un manuscrito que ha pasado de generación en generación. Repito, si se llegara a perder lo tendrás que escribir. ¿Cómo? No sé.

Recibí el libro. Ambos diáconos me miraron como si dijeran: ya tú sabes, si lo pierdes... Me sentí con una responsabilidad enorme, tal vez más que hacer las tareas de la casa y trabajar al mismo tiempo.

Comencé a leerlo y recitaba las frases, oraciones completas, hasta capítulos. Lo leí por completo, pero decidí no llevárselo a Ramón para que los dos diáconos pasaran por lo que tuve que pasar hasta encontrarlo.

La verdad, el libro era muy feo, pero en interior tenía palabras que transforman. Era como si mi abuela lo hubiera leído también, varias de las cosas que ella me decía las entendía a medida que avanzaba en la lectura. Como no trabajaba, lo leí unas decenas de veces y luego lo escondí en un gabinete en la cocina.

Tres meses después, no sé cómo, si deje algo sobre la estufa al salir, me llamaron; el apartamento se había incendiado, se quemó prácticamente todo y lo que restaba los ladrones lo saquearon. Por fortuna mi señora no estaba allí y los niños se habían quedado en el hospital por 160 días debido a que eran prematuros.

La madre seguía el tratamiento y yo los visitaba, les hablaba en la cabina donde estaban de lo que aprendí, como lo haría Abuela. con los secretos de ese libro sobre todo el secreto de los versículos que desbloquearon y me mostraron aquella persona la plaga que destruyó mi familia. Así, pude salvar mi vida, la de mi esposa y la de mis dos niños; digo, mis dos milagros; pero tenía una deuda, escribir ese libro. Me arrepiento de no haberlo

Félix Smith Estevez

fotocopiado, pero en aquel momento no se me ocurrió la idea.

En este libro plasmo todo lo que pude memorizar, lo que Ramón me contó, para entregárselo a los dos diáconos y a ti, querido lector, que lo estás leyendo. Espero que Dios pueda perdonarme por lo que tuvieron que pasar quienes esperaban aquel manuscrito. **NO LO INTENTES, HAZLO.**

CAPÍTULO III

LA PAREJA IDEAL

Ninika era mi pareja ideal, tres años antes de conocernos alguien nos lo había predicho. A muchos le cuesta encontrar pareja y cuando la consiguen apenas les dura. Para lograr que perdure tu relación hay que conocer las claves a aplicar con esa persona ideal para ti.

En esta vida hay mucha gente que tiene como propósito encontrar su media naranja o amor de su vida, pero se frustran porque no tienen idea de por qué no consiguen una relación de verdad duradera. Entran en impaciencia, y sin darse cuenta, dejaron de comer más de la mitad del bizcocho en intentos fallidos porque no saben qué hacer, se encierran y comienzan a halarse los cabellos, a juzgar, a culpar a otro por su situación, pues es el camino más fácil.

No quiero desilusionarte, pero déjame decirte algo, ningún medio en línea, a pesar de contar con las mejores páginas para esos fines, ni el mejor mago con su varita mágica, te darán la persona que deseas para tu reino. El secreto de encontrar tu media naranja, la parte que te hace falta, está en tu interior. Las medias naranjas no se buscan, se encuentran en otra dimensión. No es una tarea fácil, sin embargo, quienes lo desean la logran.

Mi abuelo decía que hay tres tipos de buscadores: los inteligentes, los insensatos y los sabios. Me contó que un día los tres transitaban por un camino cuando de repente el insensato, sin percatarse, cayó en un hoyo. El inteligente miró al hombre retorciéndose de dolor y decidió retroceder a gran distancia, calculó el diámetro y la trayectoria, corrió a toda velocidad y con un gran impulso saltó, pero antes de llegar al otro lado cayó sobre el pobrecito y se quebró las piernas.

Ahora en el hoyo había dos hombres con dolor, gritando hasta más no poder y sin nadie que les ayudara a salir. En la angustia, se acordaron del consejo del sabio, quien dijo que sería mejor volver al cruce e ir por el otro camino.

Al andar por la senda de esta vida, cada decisión te pondrá en un estado, cada paso te llevará a un destino; cada pensamiento, cada acción crearán una costumbre en ti que formará parte de tu personalidad. Tu vida actual es resultado de tu elección.

Los insensatos, al no conceptualizar bien, caen primero; los intelectuales calculan el peligro meticulosamente, analizan un antes y un después, son capaces de crear un software en milésimos de segundos en su mente, luego cierran los ojos, saltan, y debido a la gran velocidad de su trayectoria, tienen caídas fatales. El sabio toma otra decisión, regresa la misma distancia que el inteligente y se va por la otra vía para alertar a los vecinos que socorran a los dos infelices caídos en el hoyo.

Es necesario bajar tus expectativas, eso es muy valioso para tu crecimiento. Para dar con la clave de encontrar pareja, lo primordial es no buscar, sino tú mismo ayudarte a mejorar. Deja tu versión sabia (tu mejor yo) que exista, que se realice, al final la preocupación que cargabas habrá desaparecido, por consiguiente, las cosas van a fluir.

"Existir" es la unión de dos palabras cuyo significado es ser uno mismo por fuera. Si no puedes ser por fuera tal como eres por dentro, no hay equilibrio. Para lograr ese "existir" necesitas seguir pautas: ser realmente natural, sin fingir, autocriticarte, revisar los errores que cometiste en el pasado, rectificarlos, dedicar tiempo para pulir tus pensamientos, cultivar buenas actitudes y alimentarlas con compromisos para toda la vida.

Aunque desees una persona a tu lado en una relación formal, nunca manifiestes el propósito de tenerla para toda la vida. Algunos, para encontrar a alguien a quien amar, sienten la loca necesidad de forzarlo, pero están equivocados, solo el respeto y la honestidad ayudará a adquirir la capacidad de ganar amigos e influir sobre ellos, animándolos a ser su mejor versión.

Aprender a escuchar es una de las cualidades que más valoran las personas, todos quieren tener al lado a alguien que los oiga, es el fruto de la empatía. Por otra parte, guarda el buen sentido de humor, ser capaz de poner una sonrisa en la boca de los demás es una habilidad invaluable que atrae a muchos, pues es más fácil cazar un millón de moscas con una gota de miel, que con un galón de hiel.

Igualmente, es importante que en una pareja cada uno sea independiente, tanto emocional, espiritual y económicamente, esa debe ser la meta; significa amar sin que tu felicidad dependa de los demás. Independencia es vivir con alguien sin depender de él, esto es parte de la madurez como persona. Recuerda, la dependencia es el factor que más perjuicio puede causar en una pareja.

Un factor más en cuanto a encontrar la pareja ideal. Cierto día escuché a una señora de cuarenta y cinco años decir: "mi esposo es un monstruo". "¿Cómo y por qué te casaste con él siendo así?", pregunté. Ese cuestionamiento es familiar, es la primera expresión que suelen decir los casados al despertar de sus sueños cuando llevan ya años de matrimonio.

La respuesta puede ser que fuese el resultado de alguien que buscaba pareja y no se fijó a quién elegía. Está claro que, aunque un monstruo tenga el deseo de amar y casarse, no puede dar esos pasos. En la convivencia de casos así suele aparecer un fenómeno raro que yo llamo bestialización (por la bella y la bestia). En vez de evolución de ser y conciencia, se bestializa y se desencadena un torrencial de malas actitudes, de comportamientos inadecuados, en pocas palabras, las actitudes de un niño.

Está establecido por leyes naturales que nuestra evolución es en compañerismo con parejas amicales, fraternales o emocionales, con cada una ganaremos una experiencia que nos servirá de lección de vida. La pareja emocional, a diferencia de las otras, es para toda la vida, no solo cumple los requisitos de las anteriormente mencionadas, sino también la intimidad.

Por otra parte, una pareja no es un trofeo para jactarse ante la gente. Supongamos que un día encuentras a alguien cuya apariencia refleja la belleza hollywoodense, y sientes atracción, por lo cual decides tenerla en tu vida. La gente te va a felicitar sin lugar a duda, habrás pensado que tenerla es un éxito, un gran paso en tu vida, pero si es solo su belleza lo que te atrajo, conforme pasa el tiempo eso puede cambiar, ya que es una construcción social, un patrón de simetrías. La belleza de cutis o corpórea es superficial, eso no basta para tener a ese alguien como pareja.

Tal vez su proyección superficial te atrae, pero al convivir con esa figura conocerás lo esencial. Decían los pueblos autóctonos de los Estados Unidos, los Pieles Rojas: "para conocer a una persona es necesario comer un saco de sal con ella". No hay que ser un chef para saber que la sal se consume en pocas cantidades, así que para comer un saco de sal con alguien se necesita prácticamente convivir con él toda una vida. Mi mujer solía decir: "es quien duerme con Juan, quien lo conoce realmente".

Cómo ser compatible

A la hora de pensar en encontrar el amor de su vida, muchos creen que lo mucho que tienen en común los hará mejor pareja, y en teoría funciona, pero solo hasta comenzar a conocerse mejor, porque con el tiempo hastía; nadie soporta tener a alguien parecido a su lado. La compatibilidad no es necesariamente tener todas las cosas en común.

El hecho de ser un humano como tú, ya es bastante en común, ambos tienen cerebro, par de ojos, manos y pies, fuera de eso, el asunto puede cambiar, porque muchos hacen trampa. Pueden manifestar el mismo gusto intelectual, gastronómico, etc., pero con el tiempo van a revelarse tal como son. No estarán tampoco en igual frecuencia porque no evolucionarán de la misma manera.

Lo que HaSchem, nuestro Padre Celestial, dio de compatibilidad, ya es mucho, y es para compartir. Significa dar de lo que tienes a quien carece de ello, en eso radica el amor y el balance de una pareja. Si tengo una manzana y tú tienes otra, y decidimos intercambiarlas, cada uno tendrá una manzana, ¿verdad? Pero si tengo una idea, y tú tienes otra diferente, y decidimos compartirlas, al final cada uno tendrá dos ideas.

Lo mucho en común no hace equilibrio, sucede entre dos opuestos, por lo tanto, a nadie se le ocurrirá casarse con un monstruo, a menos que esté soñando, eso ocurre al ver su reflejo en la otra persona. La vida no es un sueño, la muerte sí lo es; muchos respiran, hacen todo lo que un vivo hace, sin embargo, están muertos en vida. En este caso sería una pesadilla, de la cual uno se debe despertar en sobresalto.

La vida es una simple vereda por transitar. Nuestro bienestar, alegría, paz mental y felicidad, dependen de nuestra evolución. Existir, como dije antes, es vivir por fuera tal como somos por dentro, sin fingimiento ni maquillaje, de lo contrario, no es más que superficialidad y se convierte en un veneno mortal. Cuando se quiere crear una familia o una empresa hay solamente dos maneras de proceder: o lo haces con fundamento en lo que los demás quieren ver, o la creas con base en lo que no se ve.

Por ejemplo, un hombre, una mujer y tres hijos, ¿qué son? "Una familia", dirías, pero no es así, son simplemente un grupo de individuos. Una familia no es lo que vemos, porque eso es superficial; la familia se forma con los principios, normas, protocolos y leyes que rigen a tales individuos y esos no se perciben con los ojos.

Lo que ves de una empresa es una fachada, un establecimiento, su decoración, pero no es la empresa en sí, es lo superficial, la punta del iceberg de dicha institución. La verdadera empresa es lo esencial, la mente potencial que desarrolla al máximo todas las posibilidades y las despliega de dentro hacia afuera (exterior), lo demás son simples objetos. Sin sus fundamentos, principios, visión y misión, dicha entidad no existe.

El príncipe azul o la princesa, la familia, todo lo que vemos son meras fachadas, sin lo esencial no hay existencia. Es lo invisible que existe entre un hombre y una mujer, que al compartirlo los torna en pareja: la amistad, el compañerismo, la gentileza, el amor, el respeto mutuo, las metas en común, etc.

Lo que se ve al exterior es una foto, una imagen, nada más. "La parte escondida es mayor a lo que se ve", decía el capitán del Titanic. Lo visible es materia y como tal tiene una forma y es finito.

Unión de parejas o matrimonio

¡Y fueron felices por siempre! Estamos acostumbrados a ver parejas unidas en matrimonio. En las telenovelas, "realities shows", películas, revistas, etc., cuentan esas historias amorosas de dos personas que el destino trama unir. Los protagonistas sufren mucho y cautivan por la historia de sus personajes, al punto que dan ganas de atravesar la pantalla de la televisión para contar lo que sabemos al protagonista, como si eso fuera posible.

A medida que se va desenvolviendo la trama, el corazón anhela un final feliz, que le satisfaga, ver cómo los personajes vencen las adversidades y obstáculos para finalmente casarse. El público siente una catarsis al ver realizado su deseo de presenciar como los protagonistas se unen; experimentan una sensación de alivio. Así, muchos lo celebran desde sus asientos frente al televisor, no se despegan hasta que la palabra FIN aparece en la pantalla, y creen en el "¡fueron felices para toda la eternidad!".

Suena cruel, pero la vida no es así. Los obstáculos que dificultan la felicidad en la vida real surgen muchas veces después del matrimonio. La pantalla en su imitación de la vida nos da un banquete de espectáculo que deseamos imitar; aprendemos lecciones, lloramos y sufrimos, pero al final nos regocijamos. La felicidad presentada en las pantallas y en los libros de cuentos de hadas es ficticia.

Datos estadísticos prevén que para el 2030 habrá menos enlaces matrimoniales. A medida que se van reemplazando los verdaderos valores por los ficticios, esa institución social que está presente aún en gran cantidad de culturas, ese vínculo conyugal reconocido y consolidado por normas legales, comunitarias, religiosas y morales, tal vez desaparezca, y solo serán historias que se ven por la televisión.

Félix Smith Estevez

El matrimonio no es a prueba de fuego ni antisísmico

Si te distraes, te puedes quemar, puede aplastarte; sin embargo, nunca debes abandonar a tu compañero en un incendio o debajo de los escombros. Mi esposa como persona era magnífica, de eso nadie tenía queja, solo yo, que al final de cuentas convivía con ella. Como no quiso buscar solución al problema que me había ocultado, mi amor por ella cambió para siempre.

A la hora de encontrar tu alma gemela, debes vivir con ella. Durante el proceso de vivir en pareja en un matrimonio hay ciertas actitudes que van siendo descubiertas a medida que la construcción va tomando forma. Si se construye en lo superficial, su tiempo de duración no será más largo que un estornudo.

A pesar de ello, sus secuelas permanecen y enferman aún en otra relación. Superar una ruptura amorosa no es una tarea fácil. Una investigación de la University College, London y la Binghamton University dice que el tiempo estimado para pasar página y dejar atrás una relación es de seis a veinticuatro meses. Ese es el lapso promedio para poder, en cierto modo, retomar el equilibrio psicoemocional.

Al inicio de una relación amorosa tenemos la expectativa de que va a ser funcional y que con el pasar del tiempo se va a prolongar y consolidar; sin embargo, "en ocasiones la ruptura de la relación es inevitable y con ella nos vemos obligados a enfrentarnos al proceso de duelo que conlleva una pérdida", aseguran psicólogos y terapeutas de pareja como Laura Pichardo.

Si para pasar la página en el amor se requieren al menos de dos años, para expulsar de tu cuerpo residuos energéticos de tu expareja se necesita más. Los gurús espirituales dicen que ese proceso es de siete años para reciclar las energías, autolimpiarse y prepararse. Todo es energía, o te eleva, o te intoxica.

La intoxicación más elevada del campo emocional de una persona es tener relaciones sexuales con varias parejas. Si tu cuerpo está sobrecargado de residuos tóxicos, entablar una relación estable y funcional es extremadamente difícil.

Vivir en pareja y convivir con tu pareja son dos cosas distintas. La vida en pareja no es como en las telenovelas donde la traición es moneda corriente y no pasa nada. En la vida real no es así, aunque lo parezca no es lo mismo. Lo que ves en las escenas para adultos es pura ficción, nada más que mentira. La vida no es color de rosa, ni besos de pasión y sexo. No trates de vivir ni imitar a esos personajes, te llevará a la insatisfacción de tu ser, a la infelicidad que conlleva la sensación de la falta de algo. Esa falta es la causa de la depresión.

Dos pichones pueden estar juntos en el hogar, sin vivir juntos, cada uno en su canto, están en la misma casa, pero no juntos, eso se llama cohabitar. Pueden también compartir cosas como ir de compras al supermercado más grande de la ciudad, ejercitarse en el gimnasio más completo, cocinar, bañarse y hasta tener intimidad.

Un expresidente dominicano muy querido por su elocuencia y su espíritu mediador, doctor en leyes, dijo en una entrevista: "todas las noches me acuesto con la oposición", refiriéndose a su esposa. El político lo dijo de manera jocosa para no hablar sobre la situación de su relación de pareja, sin embargo, meses después se dio a conocer su divorcio. Para uno, el hogar puede ser un lugar de remanso, de paz y tranquilidad, para otro, un desierto de cemento amontonado sin vida y sin sentido.

Quienes cohabitan pueden actuar juntos, pero seguirán siendo dos; evidentemente, lo son desde el punto vista individualista; sin embargo, una pareja real y en matrimonio, no cohabitan, moran juntos, son una sola persona con dos cuerpos conectados en alma, cuerpo y espíritu. Pueden hasta comunicarse a distancia con el pensamiento como gemelos idénticos, eso es una característica diferencial, ya que donde vive la pareja no puede haber ningún secreto. La casa ya no es casa, sino un pedazo del cielo, a excepción de algunos casos raros, que por alguna razón se escapan del radar del amor.

Vivir en pareja es la ejecución del número de oro de Fibonacci, el diseño inteligente del universo. Se da la casualidad de que conforme pasa el tiempo, en lo físico, sean idénticos, la química de habitar un ser con dos cuerpos, hace que ambos alcancen una semejanza más allá de lo físico. Uno encuentra su par, se tornan dos cuerpos y al mismo tiempo forman tres mundos en un triángulo perfecto.

Félix Smith Estevez

Cada uno de los cónyuges es un mundo que debe evolucionar separadamente, por otra parte, la unión también es un mundo que requiere evolución constante, es obligatorio el proceso evolutivo. Cuando eso ocurre, se puede decir que estamos ya comenzando a vivir, eso es metamorfosis de ambos que da como resultado el matrimonio con tu pareja ideal. A esa altura, el "ser o no ser" ya no sería una cuestión preocupante.

Que los casados con el tiempo se parecen físicamente no es una casualidad, es un hecho en el mundo. Mi esposa y yo nos dimos cuenta desde el primer día de nuestra semejanza, la gente al vernos nos preguntaba si éramos hermanos. Sin embargo, todavía no éramos amigos, apenas habíamos coincidido en el mismo lugar. Y como si fuera poco, nuestros asientos estaban uno al lado de otro. Si desde el primer día notamos nuestro parecido en lo físico, ya era una buena señal.

En fin, en una pareja hay ciertos criterios a poner en práctica, hay que buscar la solución, para todo la hay. Como dice el poema Piu Avanti: "No te des por vencido ni aun vencido". Así resaltará tu carácter y personalidad. Siempre estamos en evolución, somos obligados a ello, o nos verán como si fuéramos monstruos y ya no sería una pareja real, sino una de circo, como la bella y la bestia.

¡NO TE DES POR VENCIDO, HAZLO!

CAPÍTULO IV

CLAVE DOS: LA FELICIDAD

Hablaremos de algo muy importante, pero no sin antes advertir que haré algunas revelaciones que te pueden resultar chocantes; sin embargo, son necesarias para seguir con el tema. Primero, no existe lo que llamamos falso amor; segundo, no hay solo tres tipos de amor, hay un cuarto; tercero, aunque puede resultar aún más desagradable, sobre todo para los hermanos de la fe judeocristiana que por siglos lo han repetido, no es verdad que Dios es amor. Finalmente, tampoco se hace el amor.

¿Te acuerdas del eslogan viral de los 60 del cual hablé antes: "haz el amor, no la guerra?"; no era más que un estímulo distorsionante para desviar la mente de la realidad. ¿Cuál? La que engloba las palabras amor y felicidad. No se puede esperar amar para ser feliz, uno debe ser feliz para amar. Muchos dicen que cuando se casen serán felices, pero se casan y no lo son; dicen que lo serán cuando tengan hijos, sin embargo, al tenerlos esperan la jubilación, y así pasan la vida buscando la felicidad, pero ella anda con el amor. Veamos en detalle.

El falso amor

Al dar cara a cara con la verdad escondida detrás de aquel rostro bondadoso que pintaba la persona a quien se amaba, con quien se visualizaba una vida de sueños, metas y realizaciones, muchos se dan cuenta de que nada de aquello será realizado, al menos no con esa persona falsa que les ha desilusionado. Sentir el puñal de traición rasgando el pecho es devastador y lo dramático es que se han comido la torta mucho antes de casarse, y ahora no son felices y se maldicen sin cesar.

Lamento decirte que no era amor lo que ellos sentían, más bien una abrupta atracción física, dependencia afectiva con sobredosis de erotismo desenfrenado. No hay relación de aquello con la tierna pureza del amor. El amor no puede ser falso, o amas o no amas. Alguien puede fingir, pero no es un falso amor. Lo es según la programación educacional de nuestra sociedad, pero según la esencia pura de la realidad, no; el amor no se puede fingir, es amor o no es amor.

El amor rodea ciertos criterios que lo caracterizan, podemos ver el abordaje desde el punto de vista divino con el autor bíblico Pablo: *"El amor es paciente, es bondadoso. El amor no es envidioso ni presumido ni orgulloso. No se comporta con rudeza, no es egoísta, no se enoja fácilmente, no guarda rencor. El amor no se deleita en la maldad, sino que se regocija con la verdad. Todo lo disculpa, todo lo cree, todo lo espera, todo lo soporta."* 1 Corintios 13:4-7 (NVI).

Hay que aceptarse y querer ser feliz, lo cual es una decisión, decido serlo amándome y amando a mis próximos. "Todo lo soporta", es del alto nivel de elevación divina del amor: el ágape.

Cuatro tipos de amor

La civilización greca fue la más avanzada en todos los ámbitos sobre las otras de su época, aportó las disciplinas de deportes, fisiculturismo, juegos olímpicos, entre otras; tenían una percepción muy diferente y profunda del amor; sabían que primero hay que amarse para amar.

Según ellos hay hasta cuatro tipos de amor, un número que es de por sí místico. El amor para esa gran civilización era aún más profundo, y lo clasificaron así: *eros, storge, philia y ágape,* pero para nuestra sociedad occidental cuyo máster es simplificar las cosas, nos llegó solo A M O R, *love.*

Sin embargo, no es así de simple. ¿Te has fijado que la palabra A M O R tiene cuatro letras representando así los cuatro puntos cardinales y las cuatro estaciones del año? Cada uno es en sí un universo profundo. La lección mística es que debemos amar siempre. Es una pena que para nosotros es el secreto escondido. Recuerda que todo es codificado, hay secretos que descubrirás más adelante. Tal vez no estamos conscientes de cada uno de sus aspectos y para comprender la magnitud de esa fuerza hay que acudir a los escritos bíblicos.

Vamos a la Biblia, allí hay huellas de esa palabra, está presente, podemos ver sus manifestaciones y características. El amor *eros,* que es un amor pura y meramente de atracción física y empatía, se manifestó en parejas como Sansón y Dalila, que terminó en tragedia; ese amor parece salvaje. También se evidenció en el rey David y Betsabé, la mujer de Urías, a quien codició, con quien adulteró, y a raíz de ello cometió su premeditado crimen de mandar a matar al marido de esa pobre mujer, tras muchos abusos de poder. La ley kármica no dejaría así a ese rey sanguinario, que después se arrepintió. Siempre hay dolor de por medio.

Todo el mundo, hasta los no amantes del libro sagrado, sabe esa historia de amor entre el hombre místico, fuerte, cuya virtud radicaba en su melena, y una mujer, tal vez la más sensual, seductora y preciosa de aspecto e influenciadora de su tiempo; un combo completito que derriba a cualquier hombre atacando su debilidad. Dalila, mujer de un pueblo enemigo, inflamó de disgusto el corazón de los padres de él y tenía como misión encontrar un secreto.

La virtud de Sansón era tener una fuerza sobrenatural en sus siete trenzas y su cabello no cortado desde el nacimiento. Ese místico y enigmático hombre no debía desvelar a su amante el secreto de su vida; cada vez que ella lo entregaba, él vencía a los enemigos, pero la dama usaba su astucia hasta que él por fin se lo reveló durante el acto sexual, y entonces llegó su fatalidad.

Para mí, ese señor estaba ciego, no veía que esa mujer solo quería entregarlo a las autoridades de su pueblo que la habían contratado para ese fin. Una y otra vez ella lo intentó, poniendo la cabeza de su víctima en sus brazos, quien cayó embriagado de esa pasión que luego le costó la vida, sus trenzas de poder, su libertad y hasta sus ojos, que le fueron arrancados. Tiempos después, en vez de arrepentirse por haber revelado su secreto, oró por venganza.

Eros es apenas una fase sensible del amor, evoca sentimientos que son capaces de descontrolar hasta el hombre más viril, es un puente para otro peldaño del amor. En esa fase predominan la sensualidad, la seducción, la atracción física, la belleza y la procreación.

Nosotros los hombres visualizamos en ello deseo, sexo, placer, entrega, atracción, éxtasis, cariño, sentirse realizado como todo un macho, romance y respeto; mientras que para las mujeres representa pasión, deseo, atracción, cariño, besos, entrega, caricias y ternura con la pareja. Eros es una emoción intensa y caliente, frecuentemente considerada aplastante, amor obsesivo, enfermedad del amor.

Estar locamente enamorado es un estado intenso de anhelo y deseo de unión con el otro y una sensación salvajemente emocional, una confusión de sentimientos: ternura, sexualidad y alegría; es asociado con realización y éxtasis; entre más se consume, más se desea, pero causa pena y dolor frente a un posible abandono o rechazo.

La Biblia no dice que sea malo, mientras se disfrute con el cónyuge, pero ojo, todo en exceso es malo, hasta lo bueno. Esa fase del amor es creada para el deleite de la pareja, pero se ha tornado en una droga. Lo sagrado de esa actividad es profanado y hoy tener sexo es para cualquier cosa, para sentirse bien, enorgullecerse de conocer íntimamente a fulano o zutana, sin saber el peligro que existe en esa actividad.

La Biblia no solo muestra la vida y decisiones de hombres y mujeres como tú y yo, cuyas historias son lecciones de la existencia, también revela los peligros del amor pasional, como el de David y Betsabé, o el de Sansón y Dalila, que tuvieron en común el desenfreno emocional, engaños y mentiras. Como es pasional, este amor no está exento de padecimiento y termina a veces con la muerte. Romeo y Julieta entre tantos...

El amor *storge* nace de la consumación del eros, torna un aspecto más cuidado de protección desde la concepción hasta la muerte, yo diría hasta en el más allá. Es el amor de los progenitores a sus hijos. Yo carecía de ese amor. Cuando me encontré con mi esposa fue un choque después de un par de años, ya que veía las mismas actitudes de mi madre en ella. Nunca pude usar mi alianza a causa de ello, sentía que estaba en un flashback y como sexualmente no era satisfecho, incrementaba aún más mi problema.

En ocasiones, ese amor *storge* sobrepasa la razón. La mayoría de las madres son capaces de arriesgarse, enfrentar cualquier peligro, sufrir, no comer para que sus hijos estén bien. A favor de los padres incluso hay un mandamiento, ese es muy especial para Dios, es el único con una promesa. **"Honra a tu padre y a tu madre para que tus días sean prolongados..."** Éxodo 20:12 (NBL).

Si hay un problema que perturba la mente de las personas, sobre todo las que son ricas, es la brevedad de la vida, es muy difícil llegar a vivir cien años; la Biblia registra que los más robustos llegan a ochenta. Hoy, sin embargo, por algún regalo de la vida o por algún comportamiento, hay personas que llegan hasta ciento veinte años.

Cuando tenía diez años conocí a alguien que murió a los 125 años. A esa edad corría y hacía todas las actividades normalmente, era una persona sana y saludable. Falleció, no porque estuviera enfermo, simplemente ya no quería vivir más y le pedía a Dios diariamente que lo llevara al más allá. Extraño, ¿verdad? Sin embargo, hay personas que con riqueza y prosperidad quisieran añadir un año de vida, o tal vez un día. La Biblia nos dice que si queremos vivir mucho, hay que honrar a nuestros padres.

Este mandamiento es la cabeza del segundo bloque de los diez, dedicado al prójimo. Debes amar a tus prójimos como a ti mismo y honrar a tus padres, pues son ellos tus más próximos. Es una obligación, nada de excusas. El cuidado recibido de tus padres proviene del universo y tiene que ser retribuido. Nada es gratis en el mundo, la naturaleza es así, en un momento dado te exigirá procrear para devolver los cuidados recibidos. Quien por alguna razón desconocida es estéril, ve su felicidad a medias.

Nota que el amor *Eros*, que equivale a lo sexual, no aparece en el Nuevo Testamento. Esa última palabra *storge*, que se relaciona con el amor natural y familiar entre progenitores e hijos, surge en las declaraciones de

Pablo en su forma negativa al menos dos veces: en Romanos 1:31 y en 2 Timoteo 3:3.

El primer pasaje describe a la humanidad sin felicidad, sin entendimiento, sin misericordia; la palabra *astorgos* es la empleada. Por otra parte, con la misma palabra, en su versión contraria: *astorgos*, que se traduce: "sin amor" en 2 Timoteo 3:3, es el carácter de la humanidad en el porvenir, tiempos terribles en los últimos días en los que las personas carecerán del amor natural para sus propias familias.

En Romanos 12:10 se combinan dos fases del amor, *Phileo*, el amor a las ciencias y al conocimiento, que más se conoce como la Filosofía, madre de las ciencias; y *Storge* amor familiar, de parientes. Él junta ambos conceptos para dejar en claro el amor para la familia cristiana al usar la palabra *filostorgos*, como se junta con *sophía* que es ciencia y resulta amor a la ciencia. Esta palabra *filostorgos* es mencionada una sola vez en la Biblia, pero según muchos teólogos su importancia es grande.

Amar es una acción que parte de la voluntad animada por la decisión. Amarse a sí mismo significa mucho más de lo que podríamos imaginar, es la voluntad de ejecutar acciones, es apasionarse, aceptarse tal como uno es. Por otra parte, así amarás a tus hijos aún no nacidos, honrarás a tus padres, a tus prójimos y hasta a tus enemigos, deseando bien para ellos.

Para completar el amor en su máximo esplendor divino y universal, que consiste en amar a Dios sobre todas las cosas, es el *ágape*, que es amar de verdad, con toda tu "alma", con toda tu "mente"; la mente parece ser importante en el amor.

Dios no es amor

De Dios sale el amor. Amamos porque Él permite que así sea, sin embargo, es nuestra decisión. El que ama conoce a Dios. En lo que es relacionado con el amor y la riqueza, Yeshua (Jesús) ha dicho: "Donde está tu tesoro, allí está tu corazón". ¿Qué es la mente? Estamos entrando en la medula espinal del libro. Si donde está tu tesoro, allí estará tu corazón, también donde está tu corazón estará tu riqueza.

Ahora bien, ¿qué es riqueza? Cuando dos personas se aman y alcanzan esos cuatro niveles del amor, están más elevados que la gente común. Dominar el *ágape* es unirse al universo, cuando digo universo no es una manera de evadir la existencia del ser supremo, del Creador. No. Hay que unirse primero con el universo para poder unirse con Dios quien está en esa red divina. Aclaro, Él no es un ser de brazos y piernas, no es creado tal cual se hizo en una dimensión en Yeshua, sin embargo, puede juntarse con nosotros.

El universo funciona como una gigante red de internet de alta velocidad, todo es posible para el que se conecta, pero hay que borrar del ser cualquier tipo de virus, amarse a sí mismo y amar al prójimo, que al no tener un nombre propio abarca toda la naturaleza, incluyendo las otras especies, animales y plantas. Desafortunadamente, querido lector, el mundo nos aleja cada vez más de estos principios.

Hacia una definición de la felicidad

Algunos psicólogos tratan de definir la felicidad de diversos modos. Ser feliz no es apenas una emoción, es fruto de la energía que dinamiza el ser, es la decisión de querer ejecutar algo. La sensación de ser feliz es como cuando alguien compra el carro de sus sueños después de pasar cinco meses ahorrando, o quien se casa con la persona amada, o aquel que pasa un examen de admisión de su carrera anhelada.

"La felicidad es la sensación de ser", dice el rabino Benchetrit. Felicidad es la realización de algo que hacía falta. Hoy en día existen muchos productos capaces de producir sensación de bienestar, que no es felicidad, es dependencia.

Tu vida es el resultado del patrón creado a partir de tus decisiones. Si decides hacer feliz a otro, serás generoso y habrá sido el patrón de tu vida. No puedes cosechar arroz si sembraste cizaña, porque esta no es comestible para el ser humano. Al estar en tu mente pensamientos, preocupaciones o miedo, tu vida se reflejará tal como es por dentro, eso es existir. Algunas de las enfermedades son producto de lo que sembramos.

La felicidad es la sensación de ser. ¡Vive! Vive el aquí y el ahora, eso es el principio de la vida, no quedarse en el pasado ni mucho menos el futuro. Para el alma el tiempo es siempre presente, o estás en él o estás ausente. No te preocupes por nada, ocúpate mejor en innovar.

Para ser feliz no es necesario contar con millones de dólares, mansiones o prendas. Busca confortar tu ser. Estrenar ropas te hará sentir diferente, eso es bueno para tu autoestima y es obligatorio para el ser humano vivir con dignidad. ¡Que poseas bienes!, ¡que adquieras riquezas!, ¡que tengas mucho de lo que necesitas para vivir! Eso es malo solo si te aferras a ello, si pones ahí tu corazón, si no compartes con los necesitados, en ese caso serás un pobre diablo más.

Para alcanzar tu felicidad plena es necesario salir a menudo de tu zona de confort y reiniciarte siempre que te sea necesario. Si aplicas ese método, habrás alcanzado tu bienestar mental, físico y espiritual.

Es preciso que vayas de vacaciones con tu pareja, viaja a un nuevo país para vivir una aventura, visita a los enfermos, las viudas, los huérfanos, los encarcelados. Aunque ellos son menospreciados por sus actos, también son seres humanos, hijos, hermanos, maridos y a veces padres de alguien. Algunos están presos por horrendos crímenes, son homicidas, violadores, ladrones, y otros están tras las rejas siendo inocentes. Visitarlos te beneficia a ti más que a ellos que están privados de su libertad.

Visita a tus seres queridos, inclusive a los que partieron de este mundo sin poder decir adiós, o amigos separados por la muerte, que dejaron un vacío en al alma de sus allegados. Reflexiona y considera a quienes fueron al sheol, (lugar de los muertos) hombres, mujeres, niños y ancianos que terminaron sus misiones. Hay una historia en cada tumba que lleva dos fechas dividas por el guion que simboliza al ser humano.

La vida hay que vivirla; disfrútala, no te estreses, no procrastines, lo que puedas realizar hoy, hazlo ahora. La vida es un don del universo dado por su hacedor. Estar vivo es una maravilla. Si te enorgullece haber tenido a tu madre, díselo, agradece a tu padre por haber cuidado de ti, por haber sido el medio por el cual viniste al mundo.

Abraza a tu cónyuge y háblale de tu amor. Manifiesta tu cariño a tus hijos mientras haya tiempo, porque este pasa volando. Desde un abrazo hasta una sonrisa puede cambiarle la vida a cualquiera. Comparte un mensaje de amor, no te quedes en silencio, actúa ahora. Haz feliz a alguien hoy.

Visita esos lugares donde encontrar tus seres queridos fortificará tu razón de ser, te enseñará quién eres en realidad. Viniste aquí para algo especial, muy especial, aparte de crecer material, física y espiritualmente.

La sensación de ser crecerá en ti porque si hay alguien a quien puedes ayudar debes hacerlo hoy, ese alguien eres tú. Cesa de criticarte, de torturarte, de menospreciarte. Quiérete, valórate y apréciate tal como eres, ámate de veras. Mejora tu ser, tu misión no ha terminado. Igualmente, deja de reclamar y responsabilizar a los demás de tu desdicha. Nunca te quejes de ti, ni de tu cónyuge, ni de nadie.

Ama a tu prójimo como a ti mismo, en ello está tu evolución, y esa no ha culminado. Como te dije antes, la vida es para existir, ser lo que eres en tu interior, es vivir, realizarse, cumplir tu misión. Sin la felicidad nadie es capaz de vivir en paz ni consigo mismo. Esa es la fuente de la felicidad.

El ser humano anhela la felicidad plena

Ser feliz es relativo. Alguien puede serlo con lo poco que posee, no con tanto, otros ni con lo mucho que tienen consiguen serlo. Como dice un viejo adagio: "se puede comprar una casa, más no un hogar; se puede dar un banquete, pero no la felicidad".

Se dice que Steve Jobs, creador de Apple, dijo una vez: "Me he dado cuenta de que el reloj más caro del mundo indica la misma hora que uno de menor precio, así como un carro económico o un Lamborghini recorren la misma distancia". Son muy profundas esas reflexiones y llenas de verdades, parecen haber salido de la mente de alguien experimentado. Sí, de facto lo fue. En sus últimos minutos, al ver en una pantalla imaginaria las imágenes de su vida, se dio cuenta de que nos pasa desapercibida la plenitud.

No basta tener cuanto anhelamos para ser felices. ¿De qué vale tenerlo todo, y perder el alma? El alma es un don de Dios, que proviene del universo. Tenemos acceso a esa energía cósmica sin excepción, ricos y pobres, sin importar el color de piel y género.

Alcanzar la felicidad plena requiere de una tarea que consiste en reiniciar tu existencia. Tal vez dirás: cómo, si no somos un teléfono celular. Bueno, no hay gran diferencia entre nosotros y un dispositivo inteligente, pues es la extensión de lo que por decisión perdimos.

Reiniciarte consiste en algunos rituales de meditación que los abuelos practicaban para vivir más tiempo felices y en abundancia, sacar lo malo del ser, y restaurar el alma y el cuerpo energético. En los siguientes capítulos te voy a revelar las claves que les daban tanta felicidad a aquellos cabecitas de algodón.

CAPÍTULO V

CLAVE TRES: LA MADUREZ

La responsabilidad es muestra de madurez, ser maduro es ser una persona, un ser viviente con buena voluntad que trasciende en el tiempo.

La sensación de sentirse realizado es el resultado de llenar un vacío. Muchos piensan en casarse para ser felices, pero tendrían que casarse todos los días para continuar con ese estado de emoción. Sin embargo, toda realización comienza por una prueba, en la pareja empieza con la felicidad personal, la voluntad evolutiva.

El desarrollo te convierte en persona completa y es un deber existencial trascendental del hombre hecho de buena voluntad y de madurez. La madurez es una virtud, un estado de conciencia que se cultiva al leer, observar, vivir las experiencias de otros o de uno mismo, y va en evolución.

La madurez es la realización del ser. Por ejemplo, el gusano que se transforma en mariposa cada día multiplica sus recursos para lidiar con los acontecimientos externos. Parece fácil, no obstante, si vemos dos adultos de la misma edad, uno puede ser maduro, mientras que el otro no, ya que no es un factor de edad, sino fruto de la experiencia en vías de alcanzar sabiduría.

La madurez es libertad y felicidad. Una persona madura es feliz, ya que su alegría radica en haber superado algunas situaciones. Sin embargo, si en una pareja uno es inmaduro, no hay equilibrio. Nuestra sociedad merece más madurez, menos individuos con pies, manos y cabezas de adultos siendo infantes.

Lamentablemente, hay cada vez más niños que viven en pareja y pocos adultos, y como si eso fuera poco, con hijos. Yo era uno de ellos, por cualquier cosa quería el divorcio, desconocía que este es la destrucción del alma. Como la pasta de la pizza y el concreto no pueden volver a su estado original de harina y agua, o arena, cemento y agua, tu alma nunca será igual tras un divorcio, que es el desprendimiento del alma; destrucción por culpa de la inmadurez.

¿Acaso pueden dos niños educar a sus hijos? No, estarán siempre molestos y culparán a otros de sus males. Claro, si carecen de lo esencial de su humanidad: de madurez. En treinta años nunca vi a mi abuela enojada, discutiendo con alguien, mucho menos con su marido, con quien vivió setenta años casada. Mis abuelos trabajaban en la agricultura, vendían sus cosechas y comenzaban todas sus mañanas con una buena taza de café y su tabaco. De sol a sol la pareja trabajaba el campo.

"Hoy en día nos cansamos rápido, pedimos el divorcio por cualquier estupidez. Discutimos y peleamos por nada, sin saber que se pierde energía y se envenena el alma", me decía mi abuela. Lo sorprendente es que ella no sabía leer ni escribir.

Para el bienestar de una pareja de casados es primordial que ambos sean adultos, si uno de ellos no madura, es un niño y habrá desequilibrio. Ya eso no es una pareja, está viviendo con un niño y eso tiene un nombre: pedofilia, y es penalizado por la ley.

Corremos el riesgo de pensar que porque estamos en matrimonio o unión libre somos adultos, pero no siempre es así. Ser mayor de edad no significa ser adulto, muchos son en realidad niños. Eso es una falta gravísima en nuestra sociedad. ¿Podrá un niño encargarse de una familia o una niña de un hogar?

Entonces, ¿es posible enfrentar una situación que amerita madurez estando habituados a comportarnos como niños? Hay que ser conscientes de nuestra existencia, ordenar el caos de nuestra vida para que nuestro niño interior no tome el control.

Los inmaduros por cualquier cosa quieren separarse. Ven el divorcio como un medio para sanar el dolor del alma, así como hacen los suicidas que se matan para aliviar su agonía. No se dan cuenta de que el alma no se limpia ni se sana con el divorcio, al contrario, es la destrucción de su estructura, deja heridas difíciles de curar en el tiempo. Después de fabricado el hormigón, romperlo para separar sus componentes es algo imposible.

Mi abuela solía decir: "las angustias del matrimonio son como gas en los intestinos. Si lo sueltas, te aliviarás de cierto mal; porque quien lo guarda almacena dolor que afecta la salud. Restringir esa libertad destruye al cuerpo". Tal dicho de mi abuela lo comprendí paso a paso en la vida.

Muchos pequeñitos, en cuerpo de adultos, son capaces de colarse en una pareja. Aparentan ser adultos y se presentan como tales; sin embargo, cuando se encuentran a cientos de metros de distancia se despojan de su máscara y comienzan a vivir como niños, a comer y realizar las cosas como ellos, dan rienda suelta a sus instintos y gustos de niño. Cuando regresan al hogar se ponen de nuevo su máscara de adultos, como si nada hubiera pasado.

Pero, ¿en verdad nada aconteció? Es obvio que algo pasa y su comportamiento causa impacto en su familia, porque si no controla su niño interior, este terminará por echar a perder todo algún día. Se necesita fuerza para cambiar.

Se tiene la idea de que al casarse las acciones del pasado desaparecen; sería maravilloso si fuera así, ya que nunca tendríamos los mismos deseos del ayer. Lamentablemente estar en pareja no borra el pasado, siempre habrá indicios de los vicios antiguos que pueden minar el crecimiento de la pareja, pues el niño interior tiende a querer repetirlos, y si no lo consigue, los exigirá a su nuevo cónyuge de manera sutil o descabellada y eso puede acabar con la estructura del hogar.

Por eso, al casarnos debemos tener la visión en el presente. Hay más conflictos en una persona después de casarse que cuando vivía soltera. Es como cuando alguien se convierte al cristianismo; el conflicto interno que hay en el corazón de un casado puede ser similar al de un nuevo cristiano.

Crecimiento espiritual, emocional, mental y material

Ahora, el trabajo de crecimiento espiritual de la pareja comienza a florecer desde mucho antes de encontrarse físicamente, porque la vida parte siempre de lo invisible a lo visible, de lo esencial a lo concreto. Me he dado cuenta de que las medias naranjas suelen frecuentar los mismos lugares y cuando alcanzan la madurez emocional han de encontrarse cara a cara.

La madurez emocional y mental son necesarias, sin ello no habrá coincidencia, ya que una vez maduros se encontrarán, pues desde mucho antes de conocerse físicamente estaban conectados. Porque lo que vemos por fuera con los ojos es reflejo de lo inmaterial, del mundo que no vemos al mundo que habitamos. La vida parte de lo esencial hacia lo superficial.

Ambos tienen la parte que falta al otro y se encuentran para compartir, construir su crecimiento espiritual y material juntos. A medida que lo van logrando, se van trasmutando para complementarse.

Crisis de aceptación como síntoma de inmadurez

La aceptación pasa de lo potencial a la realidad, del interior al exterior. Es necesario que pase por el equilibrio que no es el mismo para todos, pues somos diferentes. El conocimiento propio es encontrar el punto de balance o si no pasarás la vida entera resolviendo falsos problemas y cuando llegan los verdaderos, estarás exhausto, no podrás más porque la persona muy intelectual es propensa a deprimirse, en minutos puede crear un software en la mente y luego ¡puf!

El que no tiene capacidad para conceptualizar tarda en conocer el problema, por consiguiente, cae en el fango del desaliento, y cuando eso sucede, todo para él deja de existir, se torna violento contra sí mismo. Existir es exteriorizar lo que uno es por dentro, es una decisión de amar.

El mundo necesita de hombres y mujeres que tengan control de su existir, acepten sus límites, reconozcan que nacieron solos y morirán solos, y comprendan que socializar es para manifestar la ley obligatoria del plano divino de AMARSE. Igualmente, que sean responsables frente a la culpabilidad, conscientes de que el deber es también parte de la vida y que cada día debe poner más valor para alcanzar su meta positiva, de la mano con los valores éticos para obrar correctamente y combatir sus vicios hasta reemplazarlos por virtudes. Esa es una persona madura (un adulto).

El celo enfermizo como muestra de inmadurez

Uno de mis cumpleaños fuimos a festejarlo en un restaurante en las afueras de la ciudad. Mi esposa organizó una sorpresa tras otra e invitó a una pareja haitiana para que compartiera con nosotros. Almorzamos, conversamos, nos fotografiamos, la celebración transcurría bien hasta que apareció en escena una persona ajena: la chef que cocinaba.

Era una mujer extrañamente preciosa, cuyo cuerpo parecía un monumento griego en versión especial de piel oscura café africano. Apenas entró, su presencia se adueñó del espacio, con sus glúteos pronunciados de belleza envidiablemente espléndida. Llamaba la atención de todos a su paso, menos al hombre de nuestra pareja invitada, que estaba de espaldas. Las mujeres solo miraban a la dama y murmuraban frases inaudibles.

Entre nosotros comentábamos. Mi esposa fue la primera en manifestar su agrado y elogio. A mi turno dije que esa mujer era dueña de un cuerpo magistral. Mi esposa y yo nos divertíamos y seguíamos conversando sobre la situación, manteniendo opiniones similares.

Cuando el marido de nuestra amiga quiso saber de qué estábamos hablando, su esposa detonó en furia y le gritó que no le importaba. Él no se atrevió a mirarla, sabía que era una tigresa. Luego tuvieron que retirarse; nada parecía estar bien. Los celos enfermos de esa mujer por poco arruinan la celebración que mi esposa había preparado con tanto cariño. ¡Tigresa! ¡Ay, tigresa! Me pregunto cómo podría alguien vivir con semejante felino. O eres un cazador o eres una presa.

En poco tiempo su semblante había cambiado. Sus pequeños ojos ya dilatados dejaban entrever la furia de una verdadera fiera poseída de un celo enfermizo que mostraba, sin darse cuenta ni medir las consecuencias, su gran disturbio y trastornos de ansiedad, depresión, irritabilidad e incapacidad para controlar la ira con la pareja y el entorno. Evidenciaba una sensación de falta de control sobre la relación, sentimientos y pérdida de autoestima.

Tristemente, en lo social los celos están normalizados, muchos los han aceptado como manifestación de amor. "Es normal, si tiene celos es porque me quiere", "si no tiene celos, es porque no te quiere". Eso es una falacia, un mito influenciado más por el estilo de amor sentimental que nos llega.

Los celos no son amor, sino miedo. Miedo de perder algo, que si se perdiera por lo que se teme, no valdría la pena haberlo conservado; una necesidad y dependencia hacia la otra persona. Su felicidad depende de esa persona y la mejor manera de sobrellevar ese miedo irracional es ejercer control sobre ella. Paradójicamente, surge el efecto contrario, cuando uno se siente presionado y controlado, teme perder la libertad y busca la manera de huir de esa cautividad. Su inconsciente se lo dicta. Si fuera a quedar en cautiverio no le hubieran cortado el cordón umbilical.

Los motivos que llevan a una persona a ser celosa son varios: siente la omnipotencia de asumir y controlar; sabe que nada ni nadie puede garantizar que su pareja quede en la relación, por lo cual le resulta tedioso e insoportable convivir con esa incertidumbre.

Entre los factores causantes del celo están:

1. La baja autoestima
2. La manera en que nos amamos
3. La imitación

La reproducción de la vida de los padres almacenada en la mente es espejo inconsciente de aquel infante. Ahora esas grabaciones toman el piloto automático de la realidad por falta de educación emocional. Llega con los años la saturación de las angustias del parto, la niñez, la adolescencia y la primera experiencia amorosa. Luego, el miedo de estar a solas.

Ni la escuela ni la familia se empeñan en la educación emocional de los niños, por eso son dependientes de drogas, sexo, aparatos electrónicos o redes sociales en busca de aprobación con un emoticón de "me gusta".

Nos perdemos en lo de afuera cuando debíamos buscar en el interior. Estar solo no es un problema. La sociedad de ahora nos insta a no estar solos, pero podemos estar acompañados y sentirnos en soledad.

Mis consejos para liberarse de los celos

a. **Tomar consciencia.** La raíz del problema está en la óptica que se tiene sobre la relación. Los celos, al ser irracionales, pueden ocasionar reacciones desmedidas. Es decir, no proporcionales al hecho que las provocó. Es esencial que analices y te des cuenta de que hay una parte de tu reacción que carece de sentido, así tu intensidad emocional podrá disminuir y evitarás ahogarte en la turbiedad de tu mente.

b. **Detener el pensamiento.** Es una técnica útil para llegar a la observación de los celos y consiste en que al ser consciente de la espiral en que entras, no sigas enganchado y cambies de dirección, al decir en voz alta o mentalmente: "¡Para!", "¡Detente!", o cualquier palabra que sirva como señal para centrar la atención en la dirección opuesta.

Lo que pensamos condiciona lo que sentimos, así pues, analizar la espiral de ideas celotípicas como un observador externo, permitirá poder actuar y rebatirlas. Seguidamente, se recomienda realizar alguna actividad que pueda distraer la atención, como llamar a alguien de confianza, escuchar música, bailar para mover el esqueleto, etc.

c. Trabajar en ti para crecer. Ama tus momentos de soledad, así conseguirás mejorar la reacción, aminorarla, aunque no significa que se den menos situaciones. Para poder conseguir este resultado es recomendable un trabajo personal más profundo, que consiste en expulsar los miedos, las inseguridades y resaltar sobre todo el amor propio, como dice Borja Vilaseca: "sé amigo de tu soledad".

d. Comunicación, sinceridad y apoyo. Demostrar que existe otra interpretación que se ajusta mejor a la realidad. Dar tu visión de la situación, explicar tu perspectiva y hacerlo con total sinceridad, sin miedo a la respuesta, ya que lo que se te agradecerá al final es la verdad. Comunicar tu apoyo y el deseo de ayudar a liberarse de este miedo, y así juntos ser más felices.

e. Trabajo personal para regularse. Para sostenerse en los momentos más complicados es importante que la pareja esté regulada emocionalmente y sepa cómo lidiar con situaciones desbordantes. Si consigues una buena regulación emocional, la magnitud de las crisis será mucho menor. Tu reacción podrá sostener el desbordamiento del otro, para cuando la emoción disminuya, invitar a analizar y trabajar conjuntamente en la situación para aprender de ella. Es importante mantener una buena autoestima y establecer límites para no perderse en los miedos de la contraparte.

Matrimonio versus divorcio

El matrimonio no es apenas la fusión de dos cuerpos y almas, como vimos anteriormente, sino una entidad sagrada, de divina elevación, basada en principios, reglas, metas y sueños, que una vez fusionados deben permanecer para siempre. Es el hormigón de la estructura lo que se ve en una pareja. Nadie debe romperla, es una alianza de ciclo infinito, tiene comienzo, pero no tiene fin, es hasta la muerte. Son siameses de alma y espíritu. Separación puede causar prejuicios. La Biblia dice algo al respecto: "Lo que Dios junta, no lo separa nadie."

Sin embargo, la dureza del corazón humano trajo la exigencia de la ruptura de lo sagrado. Debido al gran dolor que causaba a las damas, que eran las víctimas, el

Estado tomó el poder absoluto del matrimonio y estableció reglas, leyes, principios y demás que las favorecían con un acta oficial, y no tardó mucho para que el abuso pasara hacia los hombres.

El Estado pronto se vio obligado a intervenir, desde entonces es visto como testigo fiel y defensor, pero no para mejorar los problemas, más bien para tornar aquello en una fuente inagotable de ingresos. En pocas palabras, mató dos pájaros de un solo tiro, hoy en día es más difícil divorciarse que casarse.

No en vano cada día la cifra de divorcios aumenta de manera galopante. A medida que aumenta la cantidad de matrimonios firmes, menos ingresos, ahora el anhelo es erradicarlos y revertir el modo de ver a la familia, eso la gente simple no lo comprende. Mi abuelo solía decir que la unión marital y los recién nacidos son un imán que atrae a los malos espíritus. A menudo esos seres malvados son vistos por los niños.

Claro, los demonios persiguen a las parejas porque se nutren de la energía liberada en cada discusión o pelea. Cuando manifestamos sentimientos de miedo y cólera, nutrimos a esos seres hambrientos que instan a pelear, a ofender, para aspirar la alimentación que los vivifica, ya que no tienen acceso a la fuente que es Dios. Por eso cuando alguien traba su carácter y no cede a las tentaciones, se eleva. La vida de la pareja es una lucha constante.

El único que quiere la estabilidad de la pareja y su elevación es Dios, ni el Estado, ni la Iglesia, pues ambos poderes pueden ser manipulados por los demonios que usan a los humanos para distorsionar los preceptos preestablecidos por el Creador, que da felicidad al hombre. Por ejemplo, el sexo. A medida que pasan los años, más libertinaje se promueve de esa actividad sagrada. Las matas con frutos maduros son una atracción, hay un refrán caribeño que dice: "nadie tira piedra sobre matas que no tienen frutas".

La gente no comprende esa realidad porque imagina a Dios como un anciano barbudo con rostro severo que dicta reglas. En el principio el hombre era un ser completo, en cierto momento de su existencia sintió la necesidad de una compañía y se hizo el milagro: al despertarse, una compañera estaba a su lado, a quien llamó hueso y carne de su carne.

De ahí en adelante ambos cuerpos están obligados a evolucionar separados y complementarse. Son dos medias naranjas. No importa la distancia, la cultura o la religión, han de encontrarse porque tienen el alma separada por la mitad. Al casarse, continúan juntos el camino de la evolución. Después de la muerte, cada uno será completo otra vez. No habrá necesidad de complementarse.

El ser humano por naturaleza no puede vivir solo, le hace falta alguien a su lado que le haga compañía; ese es un derecho inalienable, un proceso natural, y hará lo que sea para llenarse de ese alguien. No obstante, aunque se siente mejor con su media naranja que solo, vivir con alguien no es tan fácil como lo muestran las novelas. La situación puede marchar bien al principio, pero luego, si no madura lo suficiente, se puede encontrar antes de tiempo con un trozo de naranja agria o un limón.

Aunque andes por el valle de los treinta y cinco años, no temas mal alguno, porque quien persevera en su trabajo de maduración, triunfará. Talvez sea el momento, pero no la hora. Mevlana Rumi decía: "Todo espera su hora.

Ninguna rosa florece antes de su tiempo. Ni sale el sol antes de su hora. Espera, lo que es tuyo hacia ti vendrá".

Muchos en su desespero actúan disconforme a la naturaleza, y las consecuencias son severas. Las mareas altas y bajas son controladas por la luna, a su debido tiempo y hora. Es necesario madurar antes para ser apto. Comer mangos nuevos o verdes es antinatural, nadie se atreve a consumirlos así porque las frutas son comestibles al madurarse a fin de deleitar el paladar con su delicioso zumo. Nada es al azar. En nosotros pasa igual.

El hombre es más atraído hacia la mujer cuando está en su periodo fértil y ella lo sabe porque las hormonas están a flor de piel, siente más deseos sexuales. El matrimonio es igual, tiene su tiempo y su hora. Si tu edad ultrapasó los números del calendario, no te alarmes, revisa tus exigencias, talvez has estado enviando mal tu señal al campo de toda posibilidad.

Tu S.O.S. no ha sido natural y por consiguiente no ha llegado bien a tu par, o no han madurado lo suficiente para juntarse porque hay que estar en el momento adecuado y la hora exacta. Forzar el curso natural de las cosas trae consigo malas decisiones, y una mezcla no adecuada es fatal para la construcción de la pareja.

En un periódico digital apareció una triste noticia: una chica linda, astronauta profesional y atractiva había anunciado su divorcio en su red social. Mas que una noticia, era para mí un grito de auxilio de un alma confusa. Es evidente, ella no quería divorciarse, se decepcionó de la persona con quien contrajo matrimonio dos años antes. "La verdad, nunca pensé que estaría con alguien así", expresó la brillante mujer.

Tal vez él le habría prometido la luna, sin pensar que ella lo tomaría en serio, y ahora la pobrecita se desplomaba. "¿A quién se le ocurre prometer la luna y las estrellas a una astronauta? ¡Por amor de Dios!", comentó alguien. "Si no puedes cumplir, no prometas", dijo otra persona con perfil femenino.

Mevlana Rumi decía: "Cuando actúas desde tu alma, sientes un río moviéndose dentro de ti, una alegría. Cuando la acción viene de otra sección, el sentimiento desaparece" Para ser feliz debes querer serlo de verdad, no mendigues felicidad con promesas al estilo brasileño.

No te angusties, "donde hay ruina, hay esperanza de un tesoro".

Trabaja en ti. No le des zoom a tus problemas. Recuerda que hay falsos problemas que parecen reales y si pasas tu tiempo queriendo resolverlos, no tendrás fuerzas para enfrentar los reales. ¡Esfuérzate y avanza! Dedica tiempo a cultivar el intelecto. No te enojes más, ni malgastes el tiempo, es limitado. Conecta con tu mejor versión de adulto interior. Trabaja en el mundo invisible, al menos tan duro como en el visible. No lo intentes, hazlo.

La astronauta tal vez dejó suelta su niña en algún momento y al buscar sin éxito el consuelo, anunció su divorcio, pero en realidad decía: "Ayúdenme, no puedo con mi marido, y no me quiero divorciar". Los que se divorcian nunca se casaron, si no que cazaron sus intereses; el nuevo modus operandi de la sociedad despiadada apoyada por abogados sin escrúpulos. No se puede extraer el agua del hormigón cocido como no se pueden dividir los componentes de una pasta. Una vez que la harina y el agua se mezclan hasta la homogeneidad, no hay marcha atrás.

El hombre es la harina de trigo y la mujer es el agua, son componentes diferentes que se fusionan en uno nuevo. Mira, en toda pareja hay discusiones, malentendidos, frustraciones, ganas de tomar al otro por el cuello y sacudirlo hasta más no poder; momentos en los que se desea arrancarle los cabellos al compañero (claro que si es calvo, se complica).

Hay dos maneras de enfrentar la situación. Primero, le quitas la batuta al niño interior y lo sientas a decirle que a partir de ahora mandas como adulto. Segundo, te reúnes con tu pareja y le dices que no se puede continuar así; en lugar de hablar sin sentido, se debe dialogar.

Los inmaduros suelen entrar en pánico, entran al baño, ponen la toalla en la boca y sueltan el grito atorado en la garganta. Luego lloran y lloran y vuelven a llorar; se arrodillan y explican sus problemas al universo y a su Creador. Finalmente, buscan ayuda, porque sienten que aquello es más grande que ellos.

Todo tiene su tiempo, hasta lo bueno en exceso hace daño. La felicidad de una pareja no radica en los días llenos de emociones fuertes, de orgasmos y gritos de placer. No. Si creías que es así, lamento informarte que no lo es. La vida no está hecha de placeres y luna de miel, está para poder cimentar la relación.

Casarse es para toda la vida, no existe el divorcio para las almas. Divorcio es cosa del hombre de dura cerviz que no consigue madurar, que despierta malhumorado pidiendo el divorcio, lo que denota dos cosas: primero, que no sabía lo que era el matrimonio; segundo, creó una vida de fantasía, es un egoísta que quiere más luna de miel, o mejor dicho, que no se acabe nunca, entonces el día que se termina llega el "trágame tierra".

Casarse no es como suena el nombre, ni como lo expone la sociedad que debemos: vestir de blanco con traje costoso, invitar a medio mundo, ofrecer bebidas, colgar las emociones grabadas en las plataformas de redes sociales… con el fin de impresionar, para no morir solterón.

Realmente la unión marital es algo profundo, sublime y divino; es complejo y no se puede tomar a la ligera, ni realizarse por razones como ascender un peldaño de estatus, exhibir su alianza o tener permiso para tener sexo y procrear hijos. Un hombre que al ver una chica linda quiere satisfacer los bajos deseos con ella, la pide en matrimonio, se cansa y repite el proceso, se especializa en romper récords de bodas fulminantes y divorcios. Lamentablemente esa unión pierde el sentido de ser sagrada.

A veces me pregunto: ¿por qué no invitamos a los convidados a la boda, a una ceremonia de divorcio?, ¿vestir los mismos trajes tal cual fue aquel día?, ¿hacer idénticos preparativos de acuerdo con la costumbre? Tengo la intuición de que nadie asistiría.

El matrimonio es una entidad

Lo que existe en la tierra es para la felicidad del matrimonio. Cuanto es creado lo es para el hombre y lo que este posee es para su mujer. La mujer sensata administra, ordena y guía su hogar; cuida su relación que es una entidad sagrada, creada el día que ambos aceptaron amarse el uno al otro ante los humanos y ante el Creador del universo.

Una vez creada esta unión no puede ni debe morir, al querer destruirla arrancará partes vitales de ambos. Actuar como la mente perfecta, no como está de moda de casarse por el cincuenta por ciento, eso es fraude y atrae desgracia. Cuando tratan de salir con su premio se autodestruyen sin querer.

Casarse para divorciarse es comprar tu maldición. Casarse sin amor es firmar tu sentencia de muerte. Sócrates sentenciaba: "En todo caso cásate. Si por casualidad das con una buena mujer, serás feliz; si no, te volverás filósofo, lo que es útil al hombre". Esa premisa talvez era válida para su tiempo, pero en la actualidad el mundo está lleno de depresivos. Sin embargo, la sociedad parece no preocuparse por el problema, no nos educa para ser aptos en la gran cadena de producción mundial.

Ser o no ser

El ser o no ser ya no es de interés, ahora es saber para realizar algo. ¡No tires la toalla! Sal del escondite, reorganiza tu vida. El matrimonio es una entidad, es como una persona, tiene sus exigencias. La desdicha de una pareja comienza cuando los cónyuges se olvidan de la construcción permanente del matrimonio para concentrarse en sí mismos.

Recuerda que la felicidad es una decisión personal, pero al unirse a otro se tiene la obligación de trabajar para esa empresa que han creado juntos, sin abandonar nunca el taller, tampoco el de tu pareja, aportando algo para mejorar la entidad creada, matando cada día el yo egoísta. En la pareja no puede haber sentimiento de pertenencia, hay que aportar para el enriquecimiento de ambos.

Trabaja en la cimentación de tu legado matrimonial, actualízate como lo haces con tu teléfono inteligente; hazlo por ti, por tu bien y por el de tu pareja. Líbrate de ataduras mentales, de virus como la envidia y las quejas. Limpia tu alma y tu carácter, deja en tu pasado la ira, el rencor y los vicios de toda índole. Enojarse consume mucha energía, es peor que las drogas más tóxicas.

Las malas actitudes están enraizadas en las relaciones amorosas o traumas del pasado. Talar un árbol sin matar sus raíces es como no haber hecho nada, por eso es necesario que reinicies tu vida, limpia tu aurora, tu alma, tu ser. Hacerlo es simple y natural, no tiene relación con las creencias, es una tradición que ha ido perdiéndose en el tiempo. Realiza ese ejercicio de limpieza cuantas veces te sea necesario, es una meditación efectiva que puede ser practicada en pareja también.

Me acuerdo cuando una joven señora vino donde mi abuela porque no sabía cómo manejar su relación. Después de escuchar su historia, mi abuela le dijo: "No todo está perdido, reinicia y limpia tu vida. Utiliza una soga o un hilo y un huevo, usa tu perfume favorito con un incienso ideal, pon música ambiental e ilumina tu espacio con unas velas de tu gusto. Comienza con una respiración profunda, aspira lentamente, retiene por un segundo o cuanto puedas, y expira despacio estando consciente de tu alrededor.

Despójate de toda vestimenta despacio, hasta quedar tal cual viniste al mundo, sin prendas, recorre tu cuerpo con el huevo de arriba hacia abajo y piensa que expulsas lo malo, pensamientos negativos o nocivos. Por cada relación sexual que tuviste con alguien en tu pasado, piensa que la expulsas sobre el huevo, y haz un nudo con la soga o el hilo. Expulsa enérgicamente.

Al terminar, lee en la Biblia el Salmo 51. Luego límpiate con el agua de un baño que debes preparar con Epson Salt, bicarbonato de sodio, sal gruesa, argila, hojas de hisopo y de laurel. Lee el salmo impreso o en tu Biblia, lávate y vístete de ropas nuevas. Cuando salgas de tu casa, no olvides llevar la bolsa al zafacón (bote de basura) de la esquina". Esa era de las maneras que abuela ayudaba a la gente. Muchas veces tu desdicha, está ligada a algo no debiste haber hecho.

Quien practica sexo con mujeres u hombres casados o con animales, que practique mentiras, abortos sin justa causa, sin saber abren canales que desestabilizaran el curso de su vida. Reiniciar tu vida es importante. Meditar, leer salmos de la biblia aportan muchos beneficios. Leer los salmos 6, 7, 20 de frente al lugar del sol naciente, luego activa con tu corazón (izquierda) abundancia, al leer el salmo 65. Al realizar este ejercicio de lectura por simple que parezca tiene el poder de reiniciar tu vida, tu suerte la manera de meditar y orar cuenta.

Organiza tu vida con tus palabras y las palabras sagradas. La palabra tiene mucho poder curativa y creadora. Muchas veces tu desdicha proviene de esas prácticas, sino alguien que no soporta tu bienestar. Primero tienes que conocer el origen de tu mal. Te contaré como hice para descubrir quienes estaban detrás de mis problemas. Recuerde todo cuanto vemos es fruto de aquello que no vemos.

La abuela concluyó diciendo: "Tu vida habrá de fluir. Habrás comenzado a vivir con esperanza, con dignidad, con un carácter fuerte. Habrás limpiado tu pasado. Ahora enfócate en curar tu depresión".

CAPÍTULO VI

CLAVE CUATRO: LA ADAPTACIÓN

La persona no es singular. Es un singular pluralizado.

¿El estrés qué es? Es la fricción que impide tu realización. Es la sensación de no ser aquello que deberías ser. Una tristeza profunda por no realizarse. **Toda la vida es el ciclo de pasar de lo potencial a lo real.** Si no alcanzas a ver lo que deseas, acabas por crear fricción, que es una manifestación del niño interior dueño de toda creatividad que no conoce la vergüenza ni tiene inhibición. Para combatir el estrés, la respiración es importante.

 Respirar profundo y aguantar hasta unos segundos y luego exhalar. Si bostezas estas en un buen camino y habrás oxigenado bien tu cuerpo. Para el alma y el espíritu, se combate mediante la respiración profunda del alma que es la oración, sin rencor ni amargura. Es el adulto interior, quien se paraliza ante las normas y el qué dirán, y es el que debe poner en manifestación la creatividad del niño interior para exteriorizarlo.

Los grandes proyectos de la humanidad parten de ese niño. Si no hay madurez en el adulto, ese potencial se queda en el mundo de los sueños que no logran ser realizados. Y "los sueños, sueños son", como lo expresa el dramaturgo y poeta español Pedro Calderón de la Barca en su obra: "La vida es un sueño" (1635), considerada una de las más importantes de la literatura española y de las primeras del teatro barroco.

En esa obra, Calderón de la Barca profundiza en la interpretación del sentido de la vida humana y argumenta que su curso está predeterminado. La trama gira en torno al personaje principal, Segismundo, quien es encerrado por su padre en una torre desde su nacimiento. Después de sufrir y quejarse de su existencia es liberado, y se le ofrece la oportunidad como heredero de ocupar el trono.

Segismundo es el vehículo a través del cual Calderón de la Barca expresa su filosofía, o al menos lo que pensaba en aquel entonces sobre el destino del ser humano. Es ahí donde surge la célebre frase citada anteriormente, que se refiere a la idea de que la vida es una ilusión temporal, ya que nuestro destino parece estar determinado y vivimos en una realidad predefinida.

A través de su obra, el autor alienta a sus lectores a aceptar la realidad de sus vidas, pues el destino es como un sueño y los insta a aprovechar al máximo el tiempo que tienen. Esta es la razón por la cual la frase: "La vida es un sueño, y los sueños, sueños son" se han convertido en unas de las más reconocidas y famosas de la literatura universal.

Esta es la interpretación que muchos le dan a esta premisa. Sin embargo, a mí no me parece que el autor tenía la intención de motivar a sus lectores a aceptar la realidad que les tocaba vivir; lo contrario, creo que los impulsaba a crear conciencia de que no importa de dónde eran o la situación en la cual estuvieran, podían revertir la situación.

El poder está en la mente, en el deseo, en tu sueño. No en el sueño literal, sino en la proyección creativa que tienes de ti. Como expresa Calderón de la Barca en su poema: "Sueña el rey, que es rey…", los sueños pueden parecer algo diferente, pueden ser simples ideas o grandes proyectos que tenemos sobre el futuro, pero si falta un plan de acción real para ejecutarlos, serán una fantasía.

Todo el trabajo que se debe hacer es realizarse, es madurar para ser; pasar de lo invisible a lo real. Crea planes que te satisfagan a ti y tu pareja para existir, para ser; eso se llama existencia; ejerciendo la medicina se hace el médico. La idea es ser y no solo producir, siempre trabaja para ser.

Exteriorizar los sueños y sacar los proyectos al mundo exterior, es importante, pues la depresión es el desarrollo del malestar entre la persona que deberías ser y la que eres. Sin importar los fallos, ellos son el sello de nuestra experiencia.

Experiencia es pasar a las acciones, para eso se debe aplicar la existencia que es estar afuera. No en tanto, la resonancia en la experiencia es igual a la madurez. Lo invisible crea lo visible. El lado invisible de todo: el hombre, la ciencia, la religión, tus sueños.

La tristeza es la relación entre la inmadurez y la realidad, sin embargo, la felicidad plena es la madurez con relación a la realidad; es satisfacción de ser. Si estoy alegre, estoy bien conmigo mismo; si estoy triste, hay dos maneras de enfrentarlo: la primera, me responsabilizo; la segunda, aplico el golpe, el viejo truco de acusar a otro, el complejo de desplazar la culpa que radica en responsabilizar a otro de mi mal. Según la Biblia, fue la excusa que usó Adam para justificarse.

Para ser sincero, yo también recurría a esa práctica nociva, ahí radicaba mi problema, y como no podía encontrar solución, apelaba a mi pasado, a las relaciones vividas para comparar. Déjame decirte algo sumamente importante: comparación está en la lista de palabras indecentes que intoxican las relaciones amorosas, nunca recurras a ella. No compares a tu pareja. El amor termina donde la comparación inicia.

Ahora, no basta ser inteligente para escoger a quién será tu media naranja, ser sabio es más importante. Ambas palabras son diferentes, la primera significa ser intelectual, la otra, persona que sabe. Un viejo sabio decía: "si hay un hoyo en el camino, el inteligente lo salta y el sabio lo evita, solo los tontos se dejan caer en él".

Aquí no se trata de un juego de azar. Si ves a alguien atractivo, con toda la belleza del planeta y te sientes atraído, es normal que te lances a la conquista; sin embargo, nada garantiza que tendrás felicidad si tu búsqueda fue por atracción, por impulso físico, superficial, efímero, por la carne. Supongamos que te casas con ese alguien y de repente esa persona pierde su belleza por un accidente. ¿La seguirás conquistando?

Usa la sabiduría. Cuida de tu pareja cuando esté en dolencia, en escasez y que no sea vista como una carga para ti. Ayúdense en el amor de Dios que los une. No hay tarea de mujer o de hombre en la casa, deben repartírsela; en las que te concierne, ármate de coraje y hazlo, da lo mejor de ti. ¡Que haya suficiente amor en tu corazón para dar! Amar es cuidar, proteger, ayudar y proveer, en esos frutos está el amor.

Todos han escuchado alguna vez esta frase: "Ama tu prójimo como a ti mismo". Ni más ni menos. De la boca para fuera muchos suelen decirlo y algunos la repiten tantas veces que le salen las palabras por los poros. Suena lógico amar al prójimo. El prójimo es tu familia, tus padres. Aquel que lo hace purifica su alma; sin embargo, este es apenas el primer paso, sin duda uno de los más valiosos es amar a tus enemigos, en este segundo paso radica la plenitud del amor, de aquel que ama de verdad.

Volviendo al tema conyugal, uno es completo con su contrario. En esta vida es menester complementarse, en la otra vida no lo será, por consiguiente, disfruta al máximo la vida en pareja. ¡Vive tu vida, vívela bien!

Creencias mutuas

Aunque la libertad en la pareja es la base de felicidad, la creencia mutua fortalece la espiritualidad de la unión. El choque de fe en la pareja crea fricción que desgasta. En la Biblia dice: *"no se junten en yugo desigual."* (2 Corintios 6:14).

El ambiente incide en el comportamiento del ser humano, pues este actúa como un estándar que establece una línea de acción. Un escritor francés decía: "Pienso, luego existo", y, por otra parte: "el hombre es fruto de su medio ambiente". Terminas por ser aquello que frecuentas.

Ahora, dos personas de distintas creencias que se relacionan y deciden crear una familia, ¿cuál sería la base de su amor? Cada uno querrá que sea su creencia sea el fundamento. Aunque lleguen a un acuerdo, la fricción se mantendrá y con el tiempo hará erupción.

El secreto místico de la palabra matrimonio

El matrimonio es vivir en pareja y surgió a raíz de la carencia de su par. Fue así desde la fundación del mundo, desde la aparición de la raza humana en la Pangea. Es una realidad de nuestro plano en el cosmos: magnética, eléctrica y en expansión. Masculino y femenina. La letra M y la O significa la unión de la mitad (M) y de lo opuesto (O). Hombre y mujer, juntos y unidos para vivir, complementarse, evolucionar y reproducirse.

Luego se establecieron dos acuerdos entre familiares, tribus, pueblos étnicos e interétnicos. Toda relación que no es la mitad de lo opuesto es una alteración. Nuestra sociedad es experta en crear alteraciones.

A medida que la expansión forzada por la misma naturaleza comenzó a entablar acuerdos no solamente interétnicos, sino entre culturas e idiomas distintos, esa manifestación no siempre fue bien vista por algunos de espíritu conservador.

Esa costumbre llega hasta nosotros: boda, matrimonio, unión sagrada entre dos personas de género opuesto. Una vez casados, se vislumbran los cambios y sutilmente comienza un drenaje que ha de complementar a cada uno de los cónyuges para la vida física de la pareja. Es un proceso que requiere cierto sacrificio para lograr el crecimiento físico y espiritual, y en el mismo surgen las fricciones.

Es evidente que la adaptación a veces termina en crisis para las parejas inmaduras y otras veces con el choque de costumbres, gustos e idiosincrasia de cada uno. La buena respiración es importante aspira, aguarda por ocho segundo y luego expira. Si lo haces bien habrás bostezado. Eso señal de haber disminuido el estrés. Requiere de mucha paciencia y madurez encarar la situación. No soportar esos momentos es causa de problemas que llevan a la separación; sin embargo, si uno de los cónyuges es suficientemente maduro, ayudará al otro a crecer.

Algunas parejas toman la decisión del divorcio por tonterías como los silencios repentinos, el uso de la taza del baño, el olor de los pies y hasta las flatulencias. De los enfados se pasa a las agresiones verbales y luego a la crisis de intimidad. Esa es la etapa del equilibrio precario.

Es de suma importancia perdonarse y disculparse mutuamente sin cesar. Nunca debes ir a dormir sin pedir perdón y reconciliarte con tu cónyuge, porque al dormir con quejas sin resolver, se mina la estabilidad emocional de la pareja, y se pone en peligro la existencia de la relación. Además, acarreará tarde o temprano disturbios psicosomáticos.

CAPÍTULO VII

CLAVE CINCO: EL PERDÓN

¿Cómo perdonar a alguien que te ha hecho mucho daño? El perdón no se otorga por merecimiento, sino por misericordia. Es lo mismo que amar, no amamos porque la persona lo merezca, todo lo contrario, cuando se ama de verdad, quien perdona se torna misericordioso y quien no, se autodestruye.

Yo no solía perdonar a nadie, ni siquiera a mi esposa. Cuando discutíamos pasaba hasta una semana sin hablarle, y aunque permanecía con dolor de cabeza, de mal humor durante el día, y en la noche no dormía bien, lo soportaba, porque el orgullo no me dejaba flexibilizarme y pedir perdón. El perdonar es como un orgasmo para el alma. (Un famoso actor Estadounidense, dijo en una entrevista:" cuando era joven le dije a mi padre que me iba a casar y él me respondió: " muy bien", solo pídeme perdón.

El actor solo seguía sin entender aquello que su papá le quería decir. Buscaba en su memoria para ver si había hecho algo malo. Y su papá le volvió a decir pídeme perdón. Otra vez responde a su papá, que no sabía por qué debía pedirle perdón si él no había hecho nada malo. Entonces el papá le miró a los ojos y le dijo: **"Si no estás dispuesto a pedir perdón sin haber nada entonces, no estás listo para el matrimonio"**. Ese joven era el famosísimo actor Morgan Freeman).

Era mi esposa quien tomaba la iniciativa de venir hacia mí con palabras cariñosas, me besaba y abrazaba para reconciliarnos y claro, nadie puede resistir a una mujer decidida que cuando quiere algo lo logra porque lo logra; y casi siempre terminábamos teniendo intimidad. ¿Te confieso algo? Podría hasta jurar que aquello comenzaba a modificar mi mente, y empezaba a enojarme solo para tener un buen encuentro caliente. El sexo es importante en pareja, es una actividad que suelta las tensiones del estrés, pero no lo hagas como yo, perdona.

Quiero decirte algo fundamental que muchos ignoran: las actividades en pareja son los detalles que más mantienen la llama del amor, no solo la actividad sexual activa, también el acto de perdonarse mutuamente y reconciliarse. No lo tomes a la ligera, pues ese acto puede hacerte llegar a la prosperidad, pero si lo empleas mal, te llevará a la pobreza.

Si retienes el perdón hacia tu prójimo, inconscientemente frenas la justicia y la divina redención del universo. Perdonar es hacer el bien al que te hiere. Perdona la falta cometida en lugar de decir que Dios se encargará de ello.

No perdonar te oculta de las virtudes de la vida, del amor, de la felicidad y de tu salud. Todo cuanto existe tiene al menos un corazón; un corazón para amar. Si no perdonas, tu tierra se vuelve estéril, el cielo se cierra, se vuelve de bronce, las bendiciones de Dios no llegan a tu vida y conviertes tu corazón en acero; no lo endurezcas y perdona por amor.

Así es el camino del perdón y la redención. Si Dios te ha perdonado, tú tienes que perdonar. Te invito a ponerlo en práctica esta misma semana comenzando ahora. Piensa en los que te ofendieron, visualízalos en tu mente y perdona sus ofensas, ese es el principio básico del perdón. No dejes pasar un día más sin perdonar a quienes te han fallado, no importa lo que hayan hecho, pero hazlo de veras con un gesto de bondad. También es un buen momento para perdonarte si has hecho algo indebido.

Perdonar es tanto una decisión como una obligación vital, no solo en el mundo cristiano, sino para poder tener una vida plena, en paz y saludable. Tal como sale el sol en las mañanas a brillar, exterioriza tu amor perdonando sin cesar, incluyéndote, lo cual te vivifica, realza tu brillo y fortalece tu carácter con luz divina. Cristo Jesús en sus sermones sobre el amor al prójimo hizo hincapié sobre el perdonar: *"hasta setenta veces siete."* (Mateo 18:22).

Lo ratifica también el apóstol Pablo en sus escritos: **"Más bien, sean bondadosos y compasivos unos con otros y perdónense mutuamente, así como Dios los perdonó a ustedes en Cristo."** Efesios 4:32 (NVI).

Dios perdona siempre. Da aliento de vida a cada cual y su sol brilla sobre justos e injustos, malos y buenos. Aunque Él hace brillar sobre ti todos los días su sol, no significa que brilla así en tu alma; si aún no quieres perdonar, tu vida nunca tendrá sentido favorable en ningún aspecto, por eso vemos a personas quejándose de que nada les sale bien. *"Porque si perdonan a otros sus ofensas, también los perdonará a ustedes su Padre celestial."* Mateo 6:14 (NVI).

Hubo un tiempo cuando los ricos tenían a otros menos afortunados trabajando como esclavos y podían hacer de su existencia lo que quisieran. Un hombre, que al parecer tomó algo de la casa de su amo, fue perseguido y cayó preso. Su nombre era Onésimo y compartió celda con el apóstol Pablo, quien le habló del amor de Dios y por ello se convirtió en una persona nueva.

Pablo le escribió al amo de Onésimo para que lo recibiera de nuevo en su casa, pero esta vez ya no como esclavo, sino como hermano. Esta es la carta a Filemón, un escrito emocionante cargado no solo de amor sino también de perdón. No hay perdón sin amor.

Quien ama, perdona, aunque no todos los que perdonan aman de verdad; sin embargo, ames o no, si no perdonas, tu vida va hacia la autodestrucción. Al no perdonar, hasta tu oración es un pecado. Si yo conseguí perdonar a mi esposa, lo que jamás pensé hacer, tú también puedes. Mas adelante te contaré lo que me hizo la mujer con la que me casé.

Perdonar para orar sin obstáculos

La oración es una comunicación entre un ser humano y el ser Divino creador de todo. A través de ese monólogo, por simple que parezca, se manifiesta un gran poder y se abre el campo a toda posibilidad. En la oración se encuentra calma, es una conexión con las voluntades del universo, con los seres angelicales; no es hablarle a Dios, es crear tu realidad con la palabra apoyada en la fe lo que destapa las vías respiratorias del alma, las remodela, las reestructura y hace realidad tus deseos. Nada es imposible para quien cree.

La oración es la respiración del alma

En la oración se encuentran muchos beneficios, pero cuidado, también maldición. Antes de orar debes desintoxicar tu mente de todas las amarguras generadas por sentimientos como rencor, resentimiento, envidia, celos, desconfianza, etc. Te propongo escribir una lista con los nombres de cada persona a quien ofendiste conscientemente y otra, con los que ofendiste sin darte cuenta, e ir a pedirles perdón.

Si alguno ha viajado al más allá, hazlo en su última morada; si no se puede, hazlo con su fotografía, pide clemencia a Dios por ellos. *"Y cuando estén orando, si tienen algo contra alguien, perdónenlo, para que también su Padre que está en el cielo perdone a ustedes sus ofensas."* Marcos 11:25 (NI). Es muy triste cuando veo el planeta que se ofende sin sentido, lo que me pregunto es: ¿a dónde queremos llegar?, ¿si podemos perdonar, por qué nos rehusamos?

Beneficios de perdonar

Ahora, cuando dos cuerpos se funden en uno, los beneficios no son solo en el plano material, también en el espiritual. De la misma manera, lo que mal se hace en lo físico, repercute sobre lo que no vemos. Los que conocen los secretos escondidos del acto sexual deben planificar sus encuentros sexuales antes de la menstruación de la mujer para así limpiar tanto el plano físico como el espiritual. Disfruten al máximo ese momento de clímax, realicen sus proyectos en ese momento milagroso para limpiarse. Después de la menstruación es para crear y procrear.

Practiquen el cuidado de la higiene personal para agradar a su pareja, encuentren la felicidad en complacerse, que sea eso la prioridad; complacer al otro, hacerlo feliz. Sí, ese acto generoso es el secreto de toda felicidad y prosperidad. Siente agrado en crear felicidad para otros.

Ahora, ¿por qué es beneficioso perdonar? Sencillamente porque es el secreto de la felicidad. Hasta para tener una buena respiración es necesario perdonar. Se perdona para aliviar la vida. Alimentaba en mí una filosofía perfeccionista, tenía todo meticulosamente controlado, me aterraba cometer un error. Esa forma de ser en parte se debía a mi formación actoral en la que la disciplina es exigente al estilo militar; de hecho, algunos de mis profesores eran militares que entrenaban al ejército.

Consideraba que el mínimo error podía ser desastroso. Ensayaba mil veces por si acaso, para no dar espacio a la improvisación. Eso no debiera ser un problema, porque tener disciplina es importantísimo, la cuestión radica en la intolerancia a fallar.

Una persona que no se perdona tampoco puede hacerlo con su prójimo. ¿Qué es el acto de perdonar? Es algo muy difícil, sobre todo cuando eres la víctima. Sentía dentro de mí que la persona que fue mi mujer no merecía el perdón. Vivir con ella en la mente era un martillo que me golpeaba el cerebro solo al escuchar su nombre. El diccionario dice: "perdonar es olvidar la falta que ha cometido la otra persona contra su persona o contra otros", pero no para ahí, sigue diciendo: "y no guardarle rencor ni castigarla por ello".

Perdonar es donar algo. Viene del latín *perdonare*, un verbo con un prefijo *Per* (totalmente) y *donare* (regalar). Es el único acto que acerca la esencia divina al hombre: "Perdona nuestras ofensas, así como perdonamos a los que no ofenden". Ese trecho de la oración de base hasta los ateos lo conocen de memoria. No perdonar es beber un vaso de veneno y esperar que el otro sea quien muera.

Todos ofendemos, no existe alguien que no haya herido a otro. Muchos se enferman debido a las raíces de amargura que impiden el buen funcionamiento de sus organismos. Si queremos gozar de buena salud, perdonar es algo de vida o muerte. Guardar rencor en el corazón es cerrar la puerta a las bendiciones de la vida. Hay que aprender que la mejor manera de regenerar su energía vital es perdonarse unos a otros.

Perdona a tu pareja y a quienes te hicieron sentir mal. Un discípulo del Señor Jesús le preguntó a su Maestro si debía perdonar a sus ofensores siete veces, y se sorprendió con la respuesta de Él: "Setenta veces siete". Sí, así es, para que Dios te perdone tienes que perdonar incontables veces. Busca a las personas que te ofendieron y perdónalas.

¿Después de sufrir un agravio serás capaz de amar de nuevo? Sí, se puede, y se debe amar. No significa que perdonas y sigues guardando rencor, pues van a germinar raíces de amargura en tu corazón y acabarán con tu salud. La palabra de Jesús de "hasta setenta veces siete" significa todas las veces posibles. Si es tu cónyuge, se corregirá en respuesta a tu amor; perdonarse mutuamente para ser más exactos.

¿Qué es lo justo que debes hacer con respecto al otro? Orar por él para que cambie y no le haga a otra persona lo que te hizo a ti. Hay que perdonar todo el tiempo y pedir perdón, así el corazón estará libre. No hay vergüenza cuando se trata de la felicidad.

No le des espacio a la amargura porque ella corroe el alma y destruye el cuerpo; perdonar es la clave de un buen funcionamiento. La recomendación bíblica es más completa aún: **"No se ponga el sol sobre vuestro enojo."** Efesios 4:26 (RVR1960); esta es una de las mejores decisiones.

Perdónense mutuamente y reconcíliense mediante besos e intimidad. Esa actividad va más allá de lo físico, es una puerta de múltiples posibilidades (al practicar días antes de cada menstruación se regeneran vigorosamente). Por otra parte, el ser humano siempre procura intensificar las actividades en las cuales encuentra placer.

Desde sus inicios el individuo busca sobredosis de gozo sin importar el costo y su impacto colateral. No erradica el factor causante de su malestar, sino se da la situación con algo que le proporcione placer intenso que le haga olvidar su realidad. Si se estresa con su familia, se refugia en el alcohol, en el cannabis, en la autosatisfacción sexual, hasta llegar a una sociopatología delirante, porque todo, hasta lo bueno en exceso, hace daño. Es mejor curar que remediar, sin embargo, es todavía mejor prevenir que lamentar.

El sexo tiene tres ventajas: autolimpieza energética, procrear y dar placer. Sin embargo, hoy en día es inclusive una actividad lucrativa y de deleite. Compañías se esfuerzan en crear plataformas con contenidos para adultos, pero la insensibilidad de nuestra sociedad llega a tal grado que es común que parejas hagan en lo público lo que debería ser íntimo y hasta es usado de entretenimiento; hay campeonatos de relaciones sexuales.

El sexo dejó de ser sagrado desde que entró en la industria pornográfica. Dentro de cincuenta años no quedarán más valores en nuestra sociedad. Conductas degradantes estimulan tal desenlace, tales como el intercambio de parejas, las orgías, introducirse objetos en el cuerpo para provocar dosis de endorfina por un momento de estimulación, de algo que no es felicidad.

Con el avance de la tecnología, habrá menos parejas humanas, al menos físicamente, ya que con un nano chip en el cerebro podrá proporcionarse una sobredosis de neurotransmisores, hormonas de la felicidad y de emociones de placer.

Ahora, hay personas tan desafortunadas que actúan de manera que ponen en peligro su estabilidad emocional. Lo hacen para ver sufrir a su par. Sin darse cuenta mutilan sus propias almas al optar por pasar días y hasta semanas sin comunicación. Así, abren la puerta a los daños psicológicos.

La comunicación

Es el intercambio verbal de ideas que transitan entre dos interlocutores. A través de esa interacción se dan a conocer puntos de vista, peticiones, etc. También es una de las llaves peligrosas cuando se usa de forma malintencionada para manipular.

La comunicación es una de las claves para conocerse, toda relación necesita de esa clave para subsistir; para la pareja es de vital importancia porque realza la unión. La comunicación, el respeto y la intimidad, forman el Triángulo de las Bermudas. Si no vigilas su navegación, puede naufragar tu relación: mantenerse al margen, brújula al alcance y vista hacia el norte con mucho respeto, así las otras actividades fluirán.

Se gritan quienes, aun estando cerca, están distantes, y les es preciso subir la voz para escucharse, lo cual es señal de que algo anda mal y debe ser reparado, porque luego empeorará. Por eso, los que cohabitan se gritan y pelean, ya que cada uno tiene su vida, apenas figuran para el mundo, cumplen un papel para un fin bien determinado, que desde el principio conocían.

Algunos de esos fines son fatales para el cónyuge, se alimentan de miedo, celos enfermizos, envidia, dependencia, rabia, odio. Se enferman y enferman al otro. Tratan de socializar para enloquecerse en la penumbra de la soledad, tienen el alma controlada por sus satanes. En cualquiera de esas situaciones es cuando es vital el perdonarse y hacer compromiso de no repetición.

Existe una diversidad de formas de constituirse y funcionar como pareja, pero todas tienen en común la importancia de la comunicación como una columna que sustenta, limita o posibilita la relación en el tiempo presente y futuro. Si como pareja se enfocan en construirse, no hará falta hablarse, su comunicación se hará en susurro, se comprenderán, y entenderán cómo va el otro solamente al mirarse.

Pero, ¿qué aspecto de la comunicación en pareja habla del compromiso afectivo existente? Más allá de los "me gustas", "te quiero" o "te amo" queda lo restante del iceberg; lo invisible que no se ve a simple vista, pero constituye los principios y reglas como la responsabilidad, base fundamental de una relación. En el caso de una relación, por ejemplo, acordar que se puede tener sexo con personas, evitando involucrar sentimientos profundos o enamorarse de ello.

Todos ellos pueden ser aspectos en una relación que hablan de que existen acuerdos implícitos y explícitos, de lo que es permitido y lo que no dentro de la relación. Estos también aluden a que cada integrante en la pareja acepta y tiene sentido para sí.

La definición de ser pareja que han construido debería ser que ambos se sienten valorados, comprendidos y respetados en sus opiniones individual y común de cómo quieren llevar a cabo esa relación. Ante ello, el aspecto crucial de la comunicación dentro de la pareja es la responsabilidad afectiva y madurez.

Muchas veces hablamos demasiado, pero no dialogamos ni comunicamos. Sin comunicación no hay pareja, sino un caos de incontinencia verbal. Hablar y hablar por hablar. Conversar es el núcleo de la responsabilidad.

¿Qué es la responsabilidad afectiva? Ser maduro y capaz de expresar las necesidades y emociones sin olvidarse del respeto mutuo de las emociones del otro. Tener plena consciencia de que lo que decimos y hacemos tiene un impacto en los demás y los vínculos que establecemos con otros implican un cuidado mutuo. Cumplir puntualmente con nuestras obligaciones de cónyuge y de persona.

La responsabilidad afectiva es un peldaño de la madurez emocional, sin ello un hombre es apenas una fachada. Ahí podríamos preguntar: ¿Podemos aprender a ser responsables afectivamente? ¡Evidentemente que sí!

Esta capacidad relacional tiene que ver con aspectos de la inteligencia emocional, que parte de la esencia pura del ser humano y se desarrolla en la medida en que tomemos conciencia de la necesidad de generar cambios en nuestra forma de comportarnos con el otro y posibiliten una mejor comunicación con base en la empatía, la asertividad y el respeto mutuo.

La comunicación en pareja es un don divino y todos sabemos que la necesitamos, aunque nos cueste aplicarla. Para ello puedes tener en cuenta aplicar estrategias como las que referencio a continuación.

Hablar sobre los sentimientos, necesidades, expectativas y anhelos en la relación. Por ejemplo, cuando comenzamos a salir con alguien es importante ser sincero y evitar ocultar información, así la otra persona podrá decidir sobre el curso que desee darle a la relación.

En este sentido, también es importante dejar claro el tipo de vínculo que se desea tener, así se logrará construir una relación afectiva más equitativa, respetuosa y transparente. Ocultar información en la pareja es sembrar dinamitas con los ojos cerrados en el patio de tu casa.

Otro aspecto es preocuparnos de cómo expresar nuestro sentir, tanto en el contenido como en la forma, sobre todo frente a situaciones que nos molestan. La forma de expresarnos deja entrever cosas que no imaginamos siquiera. Cada gesto cuenta.

Finalmente, tomarse un tiempo para pensar qué generó el enojo, identificar de qué hacerse responsable y de que no, buscar las palabras y el momento adecuado para expresar las molestias. Todas estas son mejores alternativas que actuar desde la impulsividad, la victimización o la culpa. Es importante comunicar y al hacerlo ser honestos.

Querido lector, si has llegado a este capítulo es porque fuiste escogido por el Creador del universo para que tu vida sea transformada a través de este canal. Te reitero mi agradecimiento por adquirir este libro. Dios va a multiplicar los frutos de tus manos, porque hay más bendiciones para los que dan, que para quienes reciben.

Oro a Dios por ti y por tu familia para que tengan salud y felicidad hasta mil generaciones.

CAPÍTULO VIII

CLAVE SEIS: PATRIMONIO Y FINANZAS

En este capítulo abordo uno de los factores que causa más tensión en las parejas, aún peor que el celo descontrolado, la falta de respeto, etc. Ante ello no hay excepción, somos vulnerables al estrés que causan esos factores nocivos, muchos pierden el control y actúan por impulso de las emociones.

Yo no soy economista ni consejero financiero, debo advertirte que expreso aquí parte de mi vida y experiencia personal. Repito, es un punto de vista experimental, no significa que te ayudará tanto como a mí, puede que te funcione, puede que no, pero recuerda, sería prudente que tomaras en cuenta los efectos antes de tomar tus decisiones.

El sendero de la vida es como un árbol ramificado, cada una de las ramas ha de llevarte a un destino donde puedes encontrar abundancia o escasos frutos. Es como las aeronaves de la NASA, cualquier decisión de los agentes, cualquier desviación por mínima que sea, tendrá un impacto gigante en el espacio, puede traer fracaso fatal. La vida del hombre no es diferente.

El tonto y perezoso busca turistear en sus ramas, y al final se da cuenta de que apenas recorrió una ramita y se conforma. El inteligente quiere recorrerlas todas y termina sin vivir cada paso. El sabio se detiene a pensar en una estrategia y un mecanismo ideal para remenear (sacudir) el tronco hasta que caiga la última fruta, se da tremendo festín y comparte con los más necesitados.

La riqueza y la prosperidad en pareja (patrimonio)

La riqueza y la prosperidad pueden o no ser frutos de la vida en pareja. Muy pocos son los que llegaron a tener éxito y disfrutar al máximo las delicias que esta aporta porque quieren vivir de afuera hacia dentro, olvidando que para tener éxito hay que guiarse por la naturaleza: de adentro hacia afuera. Eso se llama existir, exteriorizarse. Los que recibieron como yo órdenes de sus padres como: ir a la escuela, sacar buenas calificaciones, conseguir un puesto de trabajo y ahorrar para ser rico… se dieron cuenta de que fueron las peores decisiones de su vida.

Las leyes naturales de la riqueza no son necesariamente esas. Ahorrar para crear tu riqueza tampoco lo es; peor aún, invertir dinero en tonterías como negocios piramidales es un derroche de dinero, sangre y sudor. Si antes de casarte no tienes tu patrimonio, al formarlo, ambos deberán tener en común un punto de vista financiero de crecer, tanto en lo espiritual como en lo material, si no, el divorcio será necesario, porque serás pobre e infeliz toda tu vida.

Tu cónyuge alimentará su espíritu arribista, echará a perder hasta la unidad sagrada de la familia. Ambos deben tener el espíritu activo y vivaz para emprender en lo que hará feliz a la pareja y a los demás, crear riquezas que satisfagan a otros. Debes perseverar en la disciplina hasta que el dinero trabaje para ti y tu pareja, para crear patrimonio que perdure en el tiempo y no sea destruido por las adversidades corruptas de la mente pobre.

Estilo de vida

"Aléjate de la gente negativa porque tiene un problema para cada solución", decía Albert Einstein. Hay que abrazar la solución sea como sea. Trabaja duro en tu rehabilitación personal; si realmente lo quieres, no lo intentes, hazlo. Recuerda esta frase de Vidal Sassoon: "El único lugar en que éxito llega antes que trabajo es en el diccionario".

Es necesario un buen control mental para poder tener y llevar la vida deseada. A través suyo podemos adquirir lo que deseamos con la ayuda de la inteligencia infinita. Tú y yo podemos lograr que nuestros sueños más secretos e íntimos se hagan realidad. Todo es posible, todo, absolutamente todo, para quien cree.

Creer es tener la certeza de lo que no está en el plano físico ni en el inmaterial, pero que podemos impulsar a trascender hasta lo material. En los libros sagrados se habla de fe; sin ella vivir es imposible. Hay que tener fe en Dios, en la naturaleza y el universo que están a nuestro servicio, y en nosotros mismos que estamos experimentando en el sendero de este plano de vida física.

Debo recordarte que al llegar a este capítulo debes dominar claves anteriores como: EL AMOR PROPIO, EL AMOR AL PRÓJIMO, LA FELICIDAD, LA MADUREZ Y EL PERDÓN. Todas las riquezas del mundo dependen de las dos primeras y es un hecho. Si no te amas suficiente, la soledad te llegará y morirás de manera fugaz; si no amas lo suficiente a tus prójimos, igual tu vida será corta. Así que para ser feliz hay que amar. Amar es proteger, cuidar, socorrer, corregir, apoyar sin condición, en ello estará tu felicidad.

Dos tipos de riquezas

La riqueza es material y mental en el ser humano, pero primero en la mente, ya que para que la riqueza llegue al plano que conocemos como vida ha de pasar en el etéreo. Aquí no hablo de dinero. El dinero no es riqueza, es apenas un símbolo provisorio y cambiante de ella. Hay que crear, ser rico y próspero mentalmente para que se forme en lo material; muchos no lo son por algún trauma y para ello hay especialistas en la materia.

Elementos que contribuyen a la riqueza

Los siguientes son factores determinantes para lograr la riqueza mental que luego se materialice:

- Controlar la lengua
- Cuidar los pensamientos
- Controlar los gastos
- Amar lo que se hace
- Crear riqueza

- Imitar y buscar la compañía de los ricos
- Compartir la riqueza.

a) Controlar la lengua. Este es un órgano importante del cuerpo, nos permite distinguir los gustos y sabores, así como la fluidez de la palabra, ella es un medio por el que nos comunicamos, fuera de los usos íntimos y placenteros que es capaz de proporcionarnos; el éxtasis que puede dar la lengua ultrapasa los límites de lo sensorial y llega a los cielos. *"Una respuesta amable calma la ira; la respuesta grosera aumenta el enojo. La lengua sabia adorna el conocimiento"* Proverbio 15:1-2(PVC).

No soy sexólogo, pero te puedo decir por experiencia que quien sabe usarla cuando el caso lo amerita, es campeón, eso enloquece a cualquier mujer y cautiva al hombre más rudo. Un ejemplo claro es la historia de Sansón y Dalila. Parece que el placer está en la punta de la lengua, quien la sabe usar tiene el camino de la felicidad, ahí me refiero a lo sexual.

Sin embargo, lo más importante es que la lengua nos facilita la PALABRA, con la cual no solo podemos trasmitir nuestros pensamientos, ideas y deseos, también con ella podemos dar vida a algo o alguien y quitarla. En la Biblia dice: **"De la misma boca salen bendiciones y maldiciones. Hermanos míos, esto no debe ser así."** Santiago 3:10 (RVR1960).

La palabra y la razón nos diferencian de los otros seres vivos de la tierra. A veces nos decimos: "Soy demasiado vieja para tener hijos", "no estoy calificado para ese puesto de trabajo". ¿Aceptarías que alguien te diga: "eres muy fea o feo", "eres demasiado gordo o flaco", "eres idiota"? Entonces, ¿por qué tú mismo te descalificas? Ciertamente, palabras así desequilibran la autoestima. Una palabra suave... y todo cambia. Puedes sin querer abrir puerta del universo, y demonios pueden alcanzarte. La palabra tiene poder, más del que imaginamos.

Supongamos que llegas a tu cocina y ves un limón verde, bien redondo; lo miras por un buen rato antes de tomarlo y sentir su peso. Ahora lo hueles y su fuerte olor recorre lentamente tu nariz. Enseguida tomas el cuchillo y lo cortas en dos e introduces un pedazo en tu boca; luego, haces lo mismo con la otra parte. Sientes que se te hace agua la boca, ¿verdad?

La palabra tiene poder y nos condiciona. Lo que expresamos de nosotros hace efecto y nos modifica para bien o para mal. Si la simple imaginación de un limón hace tal efecto, otras ideas negativas pueden tener consecuencias catastróficas. Por eso, ni en broma expreses nada desfavorable sobre ti, mucho menos lo aceptes de otra persona; aunque sea un campeón de cunnilingus (sexo oral); si de su boca salen palabras hirientes, no vale la pena ser campeón.

Las palabras que pronunciamos con nuestra lengua son peligrosas, más aún cuando sabemos que son para dañar a los demás, sea para criticar o levantar falsos testimonios. La Biblia dice: ***"No critiques al rey ni siquiera con el pensamiento. No hables mal del rico, aunque estés a solas, porque las aves vuelan y pueden ir a contárselo."*** Eclesiastés 10: 20 (DHH).

Recuerda que emitimos señales con el pensamiento que llevan nuestras palabras inaudibles al universo, y si las pronunciamos mayor será su impacto. Ten en cuenta que con tu lengua puedes curar y puedes herir; las heridas causadas, aun cicatrizadas, siguen frescas como si fuera el mismo día. Que tu lengua dé solamente placer y vida durante tu pasaje en la existencia.

Si en algún momento sientes ganas de herir verbalmente, canta; si sientes ganas de criticar, canta; que un canto ocupe tu mente siempre. El líder Martín Lutero decía: "No podemos permitir que las aves se posen sobre nuestra cabeza, pero sí impedir que aniden en ella".

b) Cuidar los pensamientos. Lo que depositamos en la mente se materializa y llega a nuestra vida, todo es energía y está interconectado. La riqueza y la prosperidad hacen parte de esa conexión. Como ya dijimos, la riqueza parte de lo invisible antes de llegar al mundo visible. Si tenemos una idea positiva en la cabeza, y la enviamos a nuestra mente, pronto se proyectará en nuestro mundo físico.

Por eso el libro sagrado dice: "cuida sobre todo la mente, de ella sale la vida". No soy psicólogo, psiquiatra, ni psicoanalista, pero me he dado cuenta de que la mente es una especie de red informática divina; lo que digitamos en la mente aparecerá en nuestra pantalla vital. Por eso es importante tener pensamientos creativos, positivos y constructivos; todos los demás son virus y destruyen.

Uno de los peores resultados sucede cuando te juntas con personas afectadas de pobreza mental, no te juntes ni te cases con alguien así. Repito, nunca te juntes con gente de mente pobre. La pobreza física es la escasez espiritual y una vida vacía. Al estar en compañía de individuos así corres el riesgo de contagiarte.

En mi pueblo la gente tenía algunos refranes al respecto: "Quien anda con cojo, con el tiempo cojea", "si andas con ladrones, y llega la policía, irás con ellos". Yo te digo que, si te casas con una persona de pobreza mental, tu vida será un infierno. Esa clase de gente solo piensa en gastar y gastar para impresionar. Es capaz hasta de matar para conseguir su parte.

c) Controlar los gastos. Solía comprar cosas que en realidad no necesitaba y terminaban en el zafacón (cubo de basura). Por eso mi cuenta siempre tenía una cara triste con números negativos. Mi esposa y yo teníamos ese problema, lo que afectó en gran manera nuestra vida financiera. Malgastar es uno los problemas mayores en una pareja.

Para solucionarlo por mí mismo, comencé a ahorrar en casa, a disminuir gastos, a no salir con las tarjetas; tenía en mente comprar una casa para sorprenderla el día de su cumpleaños. Pero me tomé muy a pecho mi objetivo, sin darme cuenta de que paso a paso fui olvidando a mi esposa y sus gastos personales. El resultado fue la separación.

No estoy orgulloso de contarlo, al escribir este capítulo ya estaba separado de la peor manera. Ella, influenciada por sus amigas y familia, llamó a la policía y me acusó de amenazarla de muerte, solo con la idea de deshacerse de mí.

Los problemas en la relación por el manejo de dinero pueden causar estrés e incluso llevar al divorcio. Todas las parejas han pasado por ese laberinto. Por ejemplo, deudas que pertenecían a uno de los dos antes de la relación, pasan a ser responsabilidad del matrimonio y causan problemas debido al alto estrés que generan.

Muchos recurren a culpar al otro y así agravan la situación. El dinero es una energía, manejarlo requiere de madurez, control de la mente y buena comunicación con la pareja para salir a flote.

d) Amar lo que se hace. Mucha depresión nos llega debido a la inmadurez, paraliza el bienestar mental y comienza el padecimiento. La depresión es la insatisfacción de ser, una tristeza profunda que acapara el ser y si no se trata a tiempo puede llevar a la autodestrucción. Si no amas lo que haces, no habrá felicidad en la ejecución de tu labor y eso es desgastante, tanto a nivel físico como psicológico.

Debido a la cultura de la que proviene cada miembro de la pareja, existe una diferencia de perspectiva con respecto a los aspectos de la vida. No es lo mismo una persona que se crio en una familia con educación financiera, a una que proviene de un entorno despreocupado por ese tema. La divergencia es enorme y puede crear fricción.

Sin embargo, no es el fin del mundo. La mayoría de los problemas de pareja referentes al dinero son debido a desorden, inmadurez y falta de comunicación entre los cónyuges. Si sabes qué hacer para que tu pareja sea feliz: **hazlo, no lo intentes.**

No lo pienses solamente, el otro no puede adivinar lo que estás pensando. Manifiesta tu amor con hechos y no con palabras. No me refiero a los regalos costosos; un pequeño detalle puede hacer la diferencia.

Antes de decidir casarse hay que saber ciertos parámetros de la vida. Si has recorrido conmigo las páginas de este libro, notarás que hablo mucho de lo invisible, de lo que no percibimos con los sentidos. Pues sí, eso tiene un impacto enorme sobre nuestra vida tanto individual como de pareja.

Previo a ir a la iglesia, ante la mirada de un público, se deben casar las dos familias. Conocer sus normas y lo ancestral de cada una, de lo contrario, el matrimonio será un rotundo fracaso y habrá que buscar especialistas para salvarlo.

El matrimonio es la unión de la mitad con lo opuesto, HOMBRE Y MUJER, como lo ordena la ley natural divina; y como es divina, es espiritual. Los espíritus guardianes de ambas familias, los que llamamos ángeles de la guarda, deben ser invitados y unirse, si no la felicidad no será plena.

Aunque un cónyuge esté pendiente del otro y de sus prioridades, las divergencias y el punto en común no bastarán para la plenitud. En este espacio deben crear el "patrimonio" de la pareja, y lo relacionado y representado por el dinero, ya que el bienestar económico de una persona es sin duda algo no negociable en este siglo.

No todo es dinero, hay cosas importantes que sostienen la unión del matrimonio. Somos capaces de cualquier cosa para conseguir dinero, hasta vender la dignidad en el peor de los casos. Está muy bien querer tenerlo, pero no a costa de la felicidad plena de la pareja.

Los matrimonios de hoy duran un estornudo, mientras los de antes, toda una vida, porque respetaban los principios; aunque suena cruel, si esta no es tu meta, lamento decirte que elegiste mal. Tener mucho dinero es bueno, lo malo es su adquisición por vías dudosas, como destruir a tu prójimo para conseguirlo, esa es una mentalidad de pobre.

En el capítulo 1 vimos la definición de pobreza y concluimos que no existe por la escasez de dinero, más bien por lo que se tiene en la mente. La diferencia entre un rico próspero y un pobre es que el rico será más rico, y es capaz de morir para serlo, y el pobre es capaz de asesinar para seguir siéndolo. La riqueza es una construcción cuya base fundamental es la mente nutrida en la educación financiera, amor propio y amor al prójimo.

Para el pobre es una meta; va a la escuela, es un buen estudiante, saca buenas notas y se forma en la universidad para ganar un buen salario. Mientras, el rico se educa en ser creativo, crea las riquezas y ayuda a los demás, a sus prójimos, dándoles salario, préstamos, creando orfanatos, y para eso no necesita un título universitario, nada más la mente creativa y la palabra.

El ser humano no ha evolucionado desde su creación, bueno, al menos en lo colectivo. Repetimos los errores que otros cometieron hace milenios. Por eso Jesús dijo una vez: "para siempre tendrán a los pobres".

Tanto la pobreza como la riqueza son heredadas por el ADN. De pronto, puedes ver a dos personas con escasez de conocimiento tener a un niño superdotado, y no es un milagro, es que en el árbol genealógico hubo un docto en cada uno de los padres y se manifiesta. Lo mismo sucede con el color de la piel, no es un secreto que dos individuos de piel oscura puedan concebir un niño de piel clara; está genéticamente comprobado.

Somos aquello que pensamos. Imagina cuando todos pensemos igual; una vez sucedió y el resultado fue la Torre de Babel. Si piensas lo mejor todas las veces, harás lo que es bueno y placentero, el universo atraerá la excelencia a tu vida y viceversa.

e) Crear riqueza. Toda pareja debe trabajar en crear riquezas visibles e invisibles. Crear riqueza y patrimonio invisibles no siempre es bien visto, pero es importante, ya que cuando la desdicha del divorcio llega, arrastra lo único que puede: lo visible y finito, sin embargo, nunca podrá llevarse lo intangible porque su aspecto divino lo protege; no se puede dividir y es infinito. La abundancia de lo material puede traer paz y felicidad, aunque no la plenitud.

En la pareja, tanto el hombre como la mujer deben trabajar; si por alguna razón uno es incapaz, se debe crear una forma de suplir esa falta. El matrimonio es la institución y tiene gastos. Si dos trabajan, su estructura económica estará más firme. Trabajar todo lo que se pueda para invertir en crear negocios que aporten al bienestar de la comunidad. En nuestra sociedad no es común que la mujer trabaje debido a varios tabúes y a veces por tareas del hogar.

Recuerda que tanto el hombre como la mujer deben realizar las tareas del hogar. La mujer no es para ser doméstica, es la reina del hogar, si no puede trabajar, el hombre debe asignarle una parte de su salario. Inviertan, busquen ayuda de profesionales para estos fines. Que el dinero trabaje para la pareja antes de pensar en tener hijos.

f) Imitar y buscar la compañía de los ricos. Las parejas ricas no malgastan nada. De acuerdo con investigaciones realizadas, los millonarios practican una serie de hábitos que les permiten no solo tener éxito en sus negocios, sino cuidar su riqueza. Incrementar el conocimiento abre las oportunidades, lo que equivale a dinero, en eso las personas de mente pobre no piensan. Según Tom Corey, los millonarios adquieren también hábitos de realizar actividad física, lo que ayuda al cerebro a ser estimulado y contar con la energía adecuada; es una cuestión de disciplina.

Muchos optan por buscar personas optimistas, de perspectivas positivas y crean vínculos con otros que piensen igual. Tienen espacios especiales para discutir sobre ideas como: salud, felicidad, carrera y, sobre todo, finanzas. *"Amado, no imites lo malo sino lo bueno. El que hace lo bueno es de Dios; el que hace lo malo no ha visto a Dios.* " 3 Juan 1:11 (LBLA).

g) Compartir la riqueza. Aquí llegamos al punto G, que es muy sensible, pero da mucho placer, sin duda, el punto más importante, en él hay muchos beneficios. Compartir tu riqueza es una forma benéfica de unificarte con el universo. La Biblia dice: *"Bienaventurado el que piensa en el pobre; en el día del mal lo librará Jehová"*. Salmo 41:1 (RVR60).

Esta es una promesa para quienes muestran compasión hacia los afligidos. Cuando haces el bien es como si sembraras, y conforme pasa el tiempo, llegará la cosecha, es uno de los secretos de los famosos; incluso, hasta los de dudosa reputación que saben de esa ley universal; hacen donaciones, crean orfanatos, ya que al actuar así equilibran la balanza de la vida. Haz el bien sin mirar a quién. Lo que siembras cosecharás algún día.

Estimula tu punto G para ganar beneficios del universo que nuestro Creador da como regalo, eso es de vital importancia; pero cuidado, lo que das con tu mano izquierda, tu mano derecha no debe saberlo. No publiques tus gestos filantrópicos, hazlo en el anonimato y el Hacedor, que lo ve en secreto, te bendecirá y te hará conocer la bóveda del cielo que te corresponde.

Recuerda, viniste al mundo para manifestar el amor de Dios y su visión para la humanidad. En la medida que puedas, haz feliz a quien se encuentre a tu alrededor: financiera, emocional, físicamente, etc.

Mis consejos para ti

El primero es: evita comprar cosas innecesarias, eso deteriora tus finanzas. Segundo, la comunicación afectiva es muy buena, es un antídoto contra muchos de los problemas del matrimonio; tengan siempre conversaciones sanas. Dile a tu pareja: "Te entiendo" y déjale saber que es apreciada y valorada su opinión.

Tercero, evita culpar al otro por tus errores, solo causará más problemas. Desafortunadamente, es lo primero que hacen los cónyuges; el complejo del desplazamiento de culpa es algo nocivo que se debe evitar a toda costa, asumir la responsabilidad de sus actos es una virtud, una elevación.

Si tienen dificultad para tomar una decisión, utilicen una lluvia de ideas para encontrar una solución, pues dos cabezas piensan mejor que una. Una buena opción también es dejar pasar el intervalo de una semana.

Establecer un tiempo semanal para hablar sobre asuntos de dinero es importante. Hagan esto en un espacio acogedor, por ejemplo, alrededor de una mesa para poner cualquier documento financiero. Asegúrense de que este lugar sea cómodo.

Ahora, estar en desacuerdo es normal, puede ser saludable para una relación siempre que esta conversación proceda del amor y el respeto. No dejen que los desacuerdos se salgan de control, mucho menos acudir a insultos.

Tener dinero y ser rico para cualquier casado es algo bueno, pues podrá comprar lo soñado. Hay quienes sueñan ser ricos o multibillonarios, tener en las manos la posibilidad de poder y los privilegios que da el dinero; sin embargo, el dinero no puede comprar todo, por ejemplo, la salud perdida es impotente contra la muerte misma.

El dinero no puede restituir lo que la naturaleza nos quita, como un órgano del cuerpo o la juventud. Las condiciones económicas pueden determinar la distancia y el contraste entre ricos y pobres, sin embargo, la condición humana nos aproxima y nos iguala.

Lo que pronunciamos con nuestra lengua puede ser peligroso, más aún, sabiendo que lo que hacemos es para dañar a los demás, ya sea al criticar o al levantar falsos testimonios. Recuerda que la Biblia dice: *"No critiques a tu patrón porque un pajarito le contará a él."* Eclesiastés 10:20.

En conclusión, el pensamiento y lo que ponemos en la mente se materializa y llega a nuestra vida. Todo es energía y está interconectado, la riqueza, la prosperidad... Tengan siempre conversaciones sanas al respecto de todo incluso de su patrimonio.

CAPÍTULO IX

CLAVE SIETE: VIVE TAL COMO ERES

Existir es ser en nuestro exterior lo que somos en el interior, quiénes somos de verdad. He decidido escribir este capítulo para que juntos reflexionemos sobre lo que somos como seres humanos y estimular a los que no entienden su verdadera misión en la tierra.

A menudo escucho a la gente hablar respecto a la existencia. Muchos están en la vida y no saben por qué están ahí, debido a que no se conocen y no se han encontrado a sí mismos. Otros, al sentir esos vacíos, se lanzan a las religiones y se vuelven religiosos. Aún hay quienes saben lo que tienen que hacer y no lo realizan; ahí está el gran peligro, en esa cuestión radica la miseria de este mundo.

Queremos conquistar la Luna, los otros planetas, pero no logramos conquistarnos a nosotros mismos. ¿Quién soy?, ¿qué hago aquí?, ¿hacia dónde voy? Debo confesar que nací en una familia cristiana. Desde los cinco años estoy predicando en las iglesias, pero mi experiencia con mi abuela, quien no era cristiana y tenía un concepto totalmente diferente a la existencia y acerca de Dios, me abrió la mente acerca de lo que Él es realmente. Sus palabras causaron una curiosidad en mí que me llevó a investigar y a buscar la verdad. Ella no sabía leer ni escribir, pero llegó a saber cosas de la Biblia, inclusive de la vida misma y de la naturaleza.

Si tú no sabes algo, busca conocimiento. Si quieres algo, lucha por ello. Si tienes dudas acerca de algo, acláralas. Siempre he leído la Biblia como mi papá, que lo hace todos los años. Te voy a contar sobre un hallazgo que hice hace poco en los Diez Mandamientos de la palabra de Dios; según Moisés, hay dos bloques: amar a Dios y amar al prójimo como a uno mismo, eso lo saben hasta los demonios.

"No habrá para ti otros dioses delante de mí. No te harás esculturas ni imagen alguna de lo que hay arriba en los cielos, ni de lo que hay debajo de la Tierra ni lo que hay en las aguas debajo de la Tierra. No te postrarás ante ellas ni les darás culto. No tomarás el nombre de Dios en vano. Y descansarás en el día séptimo" (Éxodo 20). Esto es lo que concierne al amor en su máximo esplendor.

Félix Smith Estevez

En el primer capítulo te conté que me fui de la casa de mi madre por su maltrato y al llegar donde mi abuela la encontré hablando con una flor. Pues bien, lo primero que vino a mi mente en esa ocasión fue que le estaba orando y estaba violando ese primer mandamiento. Resulta que Abuela no le oraba a la flor, sino que conversaba con ella. Tal vez eso no tiene la menor importancia para ti, pero lo que entendí es que hay que conversar con la naturaleza; es una terapia.

Lo que más me llama la atención es que Abuela decía que no es bueno tomar venganza, porque es de Dios a través de la naturaleza. La mejor venganza es amar a esa persona que te ha hecho daño.

Si tú sabes que amas a tu pareja, practícalo. Evita fisgonear los pechos ajenos, eso no es normal. Yo sé que comer la misma pizza por años no resulta nutritivo, pero la solución es cambiar los ingredientes antes de ir la pizza de otra persona. Recuerda, como ya dije, comer la pizza no es para enorgullecerse de macho. En ese pedazo triangular de placer y éxtasis puedes perder grandes beneficios y hasta la propia vida.

Si todavía no tienes hijos, no significa que no existan. Recuerda que antes de que algo se materialice, primero se forma en el mundo inmaterial, en lo espiritual, en el mundo invisible, para ser más claro. Nosotros instalamos rieles para los hijos desde antes de su llegada al mundo. Los buenos hijos requieren de una preparación tanto física como espiritual con prácticas de limpieza física y mental. Si no estás preparado, no andes por ahí teniéndolos porque traerás miseria.

Esta preparación es una práctica ancestral que muchos países como la India están usando para procrear superniños, porque descubrieron el secreto de los ancestros y saben que existir es lo que uno es en su interior. Ahora, cuando ves a una familia o una pareja feliz, sabrás que es la proyección de la felicidad interior, lo invisible; lo que mantiene esa relación es lo esencial, lo que no se puede dividir.

Sin embargo, en nuestro plano físico los vemos doble, dos cuerpos, cuando en realidad son tres, el otro es invisible en la materia. Igual en lo esencial solo hay uno. Trabaja con el alma tan duro en tu mundo impalpable, al menos como lo haces en el material; sentirás que un río de alegría inundará tu alma de felicidad. Donde hay ruina, hay esperanza, un tesoro por descubrir. **No lo intentes, hazlo** una y otra, y otra vez. Hasta setenta veces siete.

Si todavía no lo logras es porque el cuerpo todavía requiere ejercicio extra. Esfuérzate, anímate y hazlo de nuevo. Cuando uno tiene determinación, el universo lo guiará con su inteligencia infinita a lograrlo. La idea es SER; ser tú mismo, tu misma. Ese ser majestuoso que habita ese cuerpo físico. Tú no eres solo lo que vez en el espejo, no, eso es lo superficial. Evita pronunciar cualquier cosa negativa sobre ti, no lo hagas ni en broma, pues lo atraerás a tu vida. Si alguna vez dijiste o pensaste algo negativo de ti, deséchalo ahora, cierra los ojos y repite: "borro lo negativo que he dicho de mí".

El hombre es etéreo, con un espíritu conquistador en un cuerpo físico. Se prepara para la madurez y alcanza el éxito, luego busca una mujer con quien compartirlo. Sin embargo, si el hombre madura y alcanza cierto nivel, se aleja de su par, es como un avión piloteado por su alma, pero en tierra es que están el radar y la torre de control (la mujer). Dicho comportamiento está aún siendo estudiado por los científicos. El hombre y la mujer son iguales desde el punto vista espiritual, pero en situaciones específicas y roles son distintos para completarse y formar un solo ser.

Abuela solía contarme unos cuentos tristes de los espíritus que daban mucho miedo. Y decía que un espíritu puede caber en una botella sin que eso afecte su estructura. Un haitiano aseguraba algo similar, decía que cualquier persona a quien maten, su alma puede caber en una botella. ¿En una botella? Pasé una semana reflexionando sobre lo que Abuela me contaba y lo que aquel haitiano dijo.

Mucho tiempo medité sobre ¿qué es el hombre? Si lo esencial puede caber en una botella, una persona puede efectuar cualquier cosa, no tiene límites. Si no es limitado en el espacio-tiempo, ¿por qué no ponernos en armonía con ello?

Un joven de 32 años me contó que deseaba ir a los Estados Unidos y por eso fue a consultar una bruja, quien le dio una botella que contenía la esencia de una persona que estaba ahí para protegerle durante su travesía en el mar; de día tenía que guardarla en su bolsillo y de noche dejarla amanecer afuera. La dejó una noche en la casa para ver lo que pasaba y resulta que comenzó a emitir voces que, aunque no podía entender bien, eran como si la persona estuviera molesta y cuando la llevó afuera el ruido cesó.

No quiero causarte esa sensación de miedo que yo sentía cuando Abuela me contaba historias parecidas, lo que deseo es hacerte entender que matar a una persona, esa maldad, crea una especie de suciedad en el universo. Puedes crear entidades que hagan daño a otros. En el caso del joven, era para protegerlo, pero hay otras posibilidades.

Con la historia de ese joven entendí un poco lo que es nuestra misión en la Tierra. Dios nos ha puesto en esa botellita que es nuestro cuerpo para proteger, para cuidar, para amar; es la voluntad de Dios en nosotros el amor. Y como dijo mi abuela: "Lo que se hace con amor florece, porque el amor es la esencia de la naturaleza, es la red divina que nos posibilita la existencia".

Hay uno de los Diez Mandamientos que dice no matarás. Entonces cuando matamos, puede que esa alma no vaya donde Dios, se queda por ahí creando disturbios. Entendí todo, los mandamientos no son exactamente para prohibir, son para evitar cosas.

Aprendí algo más: no somos solo lo que vemos en el espejo, pero para encontrar eso, en realidad hay que trascender. Sin la trascendencia personal la vida carece de belleza. Para vivir una vida plena hay que rebasar los obstáculos de la vida misma. Pues más allá de toda meta está el éxito que da plenitud al alma.

El silencio apacible de la mente es conciencia sin tiempo. Vivir aquí y ahora es poner en suma la manifestación de tus talentos. Entre dos pensamientos está el superyó, frente al canal, que al centro del campo colma de toda abundancia. Al hacerlo, se es pleno y se hace feliz a todo aquel que se encuentre alrededor.

El ser humano no es solo lo que vemos en lo físico, es más un compendio, es la voluntad de Dios en la materia, como dice el libro de Génesis: Dios creó al hombre y luego le sopló aliento de vida. Esa parte esencial de nosotros es energía pura y funciona recargándose todas las noches al descansar, para nuestro bienestar físico. Cuando sueñas que estás realizando cosas, realmente eres tú. Por eso, antes de dormir, pide a Dios que proteja tu cuerpo y alma para que puedas descansar en paz.

Recuerda, amar y proteger, es nuestra misión en esta tierra, no es para pedir ser amado. No amar para ser amado, es amar para ser feliz, para cumplir nuestra misión. Cuando lo hagas, encontrarás abundancia de felicidad y de prosperidad. Crea trabajo para dar a los demás y que sean felices, así tus empresas crecerán y tú crecerás material y espiritualmente. Tu misión es hacer feliz a los demás. **No lo intentes, hazlo.**

El amor de una pareja es equivalente a dos voluntades

Cuando dos personas están en desacuerdo, discuten y comienzan a gritar, es que sus corazones se han alejado tanto que es imposible oírse sin gritar. Sin embargo, los enamorados que se aman solo susurran.

Una persona está compuesta de madurez y buena voluntad, si falta uno de los dos elementos, ya no es más una persona. La gente gobernada por su niño interior se casa por casarse, a veces para cumplir el deseo de un capricho. Es triste, pero hasta la persona más calmada, madura y profesional es a veces la que menos piensa, y la que en ocasiones vemos en las noticias del periódico.

Tuve la oportunidad de conocer algunos atletas, autores de grandes performances que cortan el aliento, personas que dominan cientos de estándares de disciplina y son un imán de popularidad. Uno diría que son perfectos, al menos en la connotación que le damos a esa palabra; tenían todo para ser felices: fama, casas, vehículos, jet privado, etc., pero les faltaba algo que los llevaba a tomar decisiones que juzgamos tontas.

El ser humano es complejo, muy complejo, y se deprime con facilidad. Muchos no están en vida, pues cuando el niño interior toma control, el yo pensante se desploma.

Las personas se olvidan de que el cuerpo de ellos es apenas una botella que engloba su esencia, su verdadero ser. No están en unión, y buscan complacer al cuerpo, a la botellita, a lo físico y no ven más allá del horizonte. Su meta vital es acechar pechos y comer pizza. Cuando no estás en comunión con tu esencia, con lo que tú eres en realidad, entonces vas a buscarlo en el sexo, las drogas, el alcohol y demás.

Recuerda, si no sabes cómo salvar tu vida, cómo salvar tu matrimonio, cómo salvar a tu pareja o cómo salvar la relación con tus hijos, busca ayuda de profesionales, pero que tengan autoridad, que te pueden dar consejos. No busques ayuda en los jóvenes de tu edad, de tu entorno; los jóvenes, al igual que tú, no ven más allá de sus narices. Pide ayuda a los ancianos que son todavía casados, busca en la Biblia, en las experiencias y saca tus conclusiones.

En una ocasión mi esposa llamó a la policía, lo que siguió después fue mísero: perjuicios económicos, psicológicos y emocionales que llegaron hasta el intento de suicidio. Nos habíamos convertido en los peores enemigos, donde ella era el verdugo que se hacía la víctima. Los agentes policiales irrumpieron en la puerta, primero cuatro y luego otros cuatro, entre ellos David y Alex; me pidieron que me sentara para escucharme. Estaba ya en arresto.

La mujer que consideraba mi ángel y esposa, estaba en la sala en erupción, elaboraba toda clase de acusaciones, algunas infantiles, otras serias, tanto que me exigieron distanciamiento y tuve que sacar mis pertenencias e ir a otro apartamento.

La mujer que me había caído del cielo ahora estaba hecha un demonio, quería privarme del amor de mis hijos. En poco tiempo los gastos fueron exuberantes. Tres días y meses de miseria en el mismísimo infierno. David y Alex, los policías, comprendían todo, pero yo no, estaba ciego por el dolor sentía ira y una impotencia.

La mujer que una vez fue mi dulce esposa, ahora estaba irreconocible, lanzó sus venenosas acusaciones a diestra y siniestra. No podía comprender cómo pudimos haber llegado a ese extremo, estaba en arresto y debía guardar silencio y llamar a mi abogado. Luego, al explicar, se dieron cuenta de lo agridulce del amor que había entre ella y yo. La Majo, la diabla camerunesa, había transformado a mi mujer en una víbora.

Sus tres hijos me veían como un desconocido y lo era de verdad. Al calmarme me sentí sucio, estaba con el alma envenenada de pensamientos contaminados. Me preguntaba en silencio ¿a dónde se había ido la amable, cariñosa y dulce dama del aeropuerto? Tragaba en seco, me parecía estar soñando, las imágenes desfilaban como estrellas fugaces a mis ojos. Simplemente, no podía creerlo, pero no había marcha atrás, ya era demasiado tarde.

Mi lengua había cavado mi tumba que me tragaba vivo. ¿Cómo podría perdonar a alguien así?, me preguntaba, y me costaba mucho mantener una respiración normal.

Lloré de tristeza y del dolor de la venganza, pero ella no sabía lo que estaba haciendo.

La madre de mis hijos que juró amarme y protegerme, mi media naranja que me salió agria, que llamó a la policía para que fuera preso como un desconocido, un rufián, un tirano, un bandido. Sentía el eco de esa vil acusación, realizada por la manipulación y consejos de sus amigos, entre ellos Majo la camerunesa, cuya reputación y virtud era tener tres novios a sus 69 años. Esa suegra postiza era la encarnación del mismo demonio.

"El amor todo lo perdona, todo lo soporta…". Entre soportar y perdonar estaba como una bola de ping-pong mi vida matrimonial con la mujer de mi sueño, que me cayó del cielo, la dama espléndida que encontré en el aeropuerto y viajó el mismo destino lado a lado conmigo. Aquella, que, sin darnos cita, iba en la misma dirección del corazón, aquella que me hizo caminar sobre las nubes y sentir mariposas en el vientre, aquella con la que sin conocernos soñábamos hasta nuestros nombres y recibimos profecía de encontrarnos muchos años antes.

Perdona siempre, jamás reclames ni culpes a nadie. Perdonar es la clave de la felicidad individual. Si yo pude perdonar a mi mujer para ser feliz, tú también puedes. Recuerda que si sabes cómo arreglar tu relación: ¡**NO LO INTENTES, HAZLO**!

REFLEXIONES

CÓMO SUPERÉ EL DUELO DE LA SEPARACIÓN ... RESCATE DE CRISTO

"La mejor manera de escaparse de una tentación es dejarse caer ella". Oscar Wild.

Mi mayor tentación han sido la fama y las mujeres. Yo era un enfermo por la belleza femenina, a tal punto de dedicar meses estudiando cómo atraerlas y disfrutar de su beldad angelical. Brasil, uno de los países donde nacen las mujeres más lindas y seductoras del mundo, cuya virtud divina, que yo llamo ninfomanía natural, es el sueño de todo macho de hombre, surgió en mi mente. Me embriagaba de placeres noche y día.

Entre carnavales, samba y fútbol practicaba mi pasatiempo que creía esencial para vivir, el sexo. Cuando llegué a ese país, en el 2014, producto de una frase pronunciada cuatro años atrás, me di cuenta de que la palabra tiene mucho poder, pues había dicho que estaría allí la próxima copa del mundo en Brasil y así fue; al estar de vacaciones cerca del gigante sureño nunca pude entrar hasta la fecha exacta que había pronosticado cuatro años atrás.

Al pasear por las calles me di cuenta de que Dios era brasileño. No hay forma que no lo sea por haber creado tanta belleza y placer en ese pueblo. Poco a poco yo me fui tornando brasileño. Luego descubrí que el diablo era brasileño también.

Salí con las chicas más lindas que jamás pensé poder conquistar. Mujeres mil encantos. Olía a mujer todo el tiempo y atraía tantas que creo comencé a atraer hasta los súcubos.

Es triste, pero tuve que conformarme con una para pasar la vida entera. Entonces llegó el diablo metido en el cuerpo de una mujer anciana, predicándole a mi amada en tono de autoridad y misticismo: "Tú no serás la mujer de ese joven, hay otra con tres frutas, o tres hijos, que le espera en el horizonte". Vi una gran tristeza en el rostro de mi novia.

Este caribeño sería de otra. Mi amada hizo un gesto como si dijera: "tonterías", a las palabras de esa pitonisa con Biblia. Contra viento y marea nuestro lema era el amor; era cariñosa, comprensible, perfecta como las estatuas griegas y con un encanto ninfomaníaco natural. Yo era joven con toda la fuerza y calentura del Caribe.

Caminaba por la calle, hablaba con todo el mundo, fingía ser feliz, pero en mi interior, llagas de amargura sangraban. Decidí amar a una sola mujer. La relación iba de maravilla, con ella me torné más experto; frecuentábamos la iglesia juntos. Detrás de mi oreja tenía la idea de casarme, ella también, hasta que sucedió lo inevitable.

No nos casamos. Bueno, al menos no ella, pues tres años después yo me casé con otra. Una mujer totalmente distinta, que una, dizque profetiza, había previsto en mi vida. No pudo ver la súcuba y el agente del mal que nueve años después cooperarían el 2 de junio y 2 de septiembre para la destrucción de mi vida.

Corría el año 2023, cuando el genio del mal me dio las cachetadas, y fui buscando alivio en todo. Desde psiquiatras, psicólogos, pastores, guías espirituales, médicos, hasta caer tan bajo al consultar hechiceros de África, Brasil, Cuba y Haití. Nadie quería ayudarme, o no podía. Todos me juzgaban. Algunos de los que juraban ser mis verdaderos amigos afirmaban: "tú has caído muy bajo", "te sucedió por ser malo y pecador".

Yo nunca dije nada. En menos de tres meses perdí todo: mi familia, mi trabajo, mis amigos, mi confianza, los cabellos; adelgacé hasta más no poder, perdí treinta y cinco kilos, y como si fuera poco, la hipertensión arterial y otros problemas de salud me agobiaban.

Pensé entonces que yo era un don nadie y no valía la pena vivir. Salí a la calle con lo que me restaba de mis ahorros, 20 dólares canadienses, que usaría para una postrera taza de café, mientras vería por última vez caer la nieve, lo único gratis de Canadá.

Apenas me abrigaba porque nada me importaba ya. La mujer había decidido llevarme a perder lo más importante de la vida, la libertad. Salí por el café; por una razón personal no elegí el alcohol ni el cannabis por mi alodoxafobia.

"La grandeza de un ser humano está en su capacidad de hacerse pequeño para poder ponerse en el lugar de los demás y entender lo que está detrás de sus reacciones." Augusto Cury.

Félix Smith Estevez

Detrás de cada alcohólico, trabajador sexual, criminal o sociópata, hay una historia; hay un hijo, un padre, un hermano, un marido/esposa de alguien. Está abrumado y al no reaccionar correctamente padece el resultado de sus elecciones, pero a pesar de ello hay un ser humano.

Las etapas del duelo

Hay cinco etapas de duelo por las cuales pasan las personas, pero solo los fuertes consiguen cerrar el círculo. Al sufrir el drama de la separación después de vivir por muchos años con un ser amado, o perder el trabajo que le sustentaba, el dolor que se experimenta es abrumador; no es físico, sino del alma, desde dentro hacia fuera.

Esa coyuntura marca el inicio de una trayectoria de transformación. Si eres una persona de oro, serás purificado; si eres un diamante, luego de ser pulido por el esmeril, tu valor aumentará; pero si eres un ser con mentalidad de madera, serás quemado.

Estas cinco etapas son:

- El choque.
- La cólera.
- El trueque.

- La depresión
- La aceptación

Primera etapa: el choque

En ese periodo uno se siente anestesiado hasta el espíritu, como si despertara en un planeta nuevo e incapaz de proyectarse. Llega entonces la incertidumbre de planificar una nueva vida solo, y se piensa en una posible conciliación para retomar la vida con la persona amada o el trabajo.

No importa la edad, el sexo, el nombre de relaciones que se hayan tenido. El proceso de duelo amoroso es un pasaje doloroso, solitario y de negación. El respeto por cada una de esas etapas es la clave para salir a flote sin ahogarse.

Toda ruptura es traumatizante y viene acompañada de sentimientos de fracaso, y a veces de rechazo. Comenzar a lidiar con la ausencia del otro no siempre es fácil, ya que es una separación de lo invisible y lo visible.

Buscar fuerza para reinventar la confianza en sí y enfrentar el porvenir es crucial para cruzar a la siguiente etapa del duelo. No es fácil, pero no es imposible. El respeto por cada una de esas etapas es la clave para salir a flote sin ahogarse.

Segunda etapa: la cólera

En este tiempo el choque pasa a hacer un juicio y se busca un culpable de nuestro mal, el famoso complejo del desplazamiento de la culpa; es el otro el responsable, y así se crea una falsa sensación de seguridad.

Además, sentimos que los demás no nos apoyan como deberían, principalmente nuestro entorno, y buscamos que todos nos den la razón. Llega la melancolía acompañada de imágenes que nos impulsan a la cólera para cambiar y pasar la página. También aparece la pérdida de control y hay que ser cuidadosos para no ultrapasarnos de los límites.

Tercera etapa: el trueque

Si hago eso… si hago aquello… se va a lamentar…

Regatear y negociar con la realidad es notorio en esta fase. Se hace todo lo necesario para que la contraparte sienta dolor y remordimiento de haber roto la relación. Obviamente, se toma la decisión de cuidarse a sí mismo, la apariencia cuenta a los ojos de los demás, y se envían informaciones por redes sociales o amigos comunes para que le llegue a la expareja. Sin embargo, eso no garantiza el retorno del ser querido.

Siendo así, es una fase de mucha acción dirigida al bienestar y a realzar la confianza y la belleza física. Un esfuerzo por conseguir la atención del otro. Se va al salón de belleza con más frecuencia, se arregla, cambia el closet para sentirse con un aire seductor y sentirse bien sex-appeal. La realidad es que esta etapa es efímera; puede durar apenas un estornudo.

Cuarta etapa: la depresión

Es un momento de mucho vaivén, de pensamientos negativos, de profunda tristeza, y se puede pasar al padecimiento. Ahí el yo interior que organiza las cosas es incapaz de ordenar, ya que en el banco biográfico interior hay pensamientos tanto positivos como negativos cargados de emociones. No siente ser la persona que debería ser.

Si estas últimas no son gestionadas por el yo interior (le bon ange/buen ángel), como dicen en el vudú haitiano, esa persona no será feliz, porque la felicidad es la satisfacción de ser. Ser es existir y existir es la exteriorización del ser inferior; así puede alguien estar caminando por ahí, pero está muerto.

Esta etapa es la cola de la anterior: "el trueque", pero al no conseguir negociar y reconciliarse, se cae en la tristeza aguda. Ahí uno siente la autoestima en el suelo. Las ideas turbias como el suicidio surgen en la mente y algunos pueden ser tan vulnerables que cometen tal bajeza, pues consideran que quitarse la vida es la solución para acabar con el dolor.

Ese dolor no es físico, sino del alma, por ende, la solución es organizar las emociones y los pensamientos para poder existir; este es un proceso que sale de dentro hacia fuera. Te recomiendo que comiences con la alegría, que por cierto es muy contagiosa, busca la compañía de gente de buen humor y feliz, te ayudará a bajar las hormonas del estrés y subir las del bienestar.

Esta etapa es abrumadora. Todos están propensos a pasar por un momento así, sean profesionales, empresarios, artistas o religiosos. La depresión es la sensación de ser quien uno no desearía ser. La persona piensa que no podrá conseguir otra pareja ni dar marcha atrás, se juzga por haber dicho o hecho algo, por dar rienda suelta a la cólera, la tristeza como forma de evacuar el sufrimiento; la autoestima está deteriorada, la imagen de sex-appeal desaparece y entra en escena el descuido físico.

Si estás en esta etapa, déjame decirte que, aunque parezca una situación irresoluble, apenas es una sensación. Tú eres una persona importante. Es necesario que te repongas y salgas a abrazar la vida con vigor y amor propio, no te ahogues más, no tires la toalla, hay respuesta a tu problema, y está en el problema mismo. Busca ayuda de un profesional ahora mismo, procura la compañía de un amigo gracioso para cambiar de ánimo; vivir con tristeza destruye el cuerpo.

Quinta etapa: la aceptación

Al llegar aquí se reconoce la ruptura amorosa o separación laboral. El nivel de tristeza baja paulatinamente. Cuando pensamos en la pérdida, las ideas son más claras. En fin, somos capaces de analizar las razones por las cuales la relación llegó a su fin.

Inclusive, podemos llegar a decir que fue mejor así, pensamos menos en el otro, pasamos a otro nivel y aceptamos cerrar el círculo invisible de la relación. En ocasiones, algunos pasan a odiar más a esa persona y le atribuyen el ciento por ciento del fracaso.

Este es el momento para aprovechar plenamente la nueva vida en medio de la soledad, y encontrarse diferente y mejor que antes. De ahí que el trabajo no debe enfocarse en lo físico, sino de lo interior hacia el exterior.

Llora si hay que llorar. Deja salir hasta la última gota de tus lágrimas. Deja salir los mocos, las flemas. Eso dizque los hombres no lloran, es una vil mentira, el llanto limpia el alma. Llora. Toma el placer de llorar, eso no te hace menos ni te convierte en mujer.

Claro, no llores frente a la gente, menos aún de la persona que te dejó. Entra en tu cuarto, en tu baño, en tu carro. Llora todo el tiempo que quieras. Luego lávate la cara, báñate, compra ropa nueva y comienza una nueva vida; habrás pasado esa página triste.

A lo anterior agrego una etapa más: la SOLEDAD. Solo la edad madura entiende la paz que trae este espacio luego de que tu alma esté vacía de llanto, porque mientras haya llanto, no habrá paz en tu interior. No hay peor cosa que convertirse en un llorón de por vida. Mi consejo es: llora por una semana o un mes, hazlo si quieres; yo lo hice por tres meses. Sin llanto no hay liberación.

Después la soledad se torna en SOLEMNIDAD y SERENIDAD. Estando solo puedes empezar a cuestionarte sobre la vida. Nacimos solos y moriremos solos. La gente con la que nos relacionemos debe ser para llevarnos a la luz de una manera u otra, y depende de nuestras elecciones superarnos.

Cuando se supera el famoso complejo de culpar a otros: "estoy así por culpa de fulano, zutano, mengano, etc.", el espíritu alcanza la iluminación divina, reconoce el sentido del "Maktub" –estaba escrito–, puede elevarse al peldaño de la sabiduría, y perdonarse a sí mismo y a los demás.

El flashback de mi vida

Las hojas amarillentas, rosadas, pardas y otras podridas en el suelo a los pies de los árboles ya desnudos, presagiaba el melancólico fin de año. El ocaso del otoño invernal canadiense, y pronto el infierno frío y las incomodidades de las nieves se vislumbrarían. La gente paseaba abrigada, iban en toda dirección bajo un tímido sol que como un niño jugaba a las escondidas detrás de unas nubes oscuras. El cuerpo de algunas hojas momificadas crujía bajo los pies de los transeúntes.

Dentro de poco, estas personas estarían tristes por un año más sin logros, o querrían ir de vacaciones al Caribe, el lugar donde nací, a ver piedrecitas de colores por doquier en ríos y playas en un calor infernal. Otros, se refugiarían en la navidad, época cuando muestra amor hasta el mismo diablo.

Allí, en la esquina de ese bar, el Tim Hortons, en una taza de café, veía mi pasado, presente y futuro, y no me gustó ninguna de mis versiones, sobre todo el presente, pues estaba separado a la fuerza de mi familia. Mi mujer me había entregado a las autoridades; la persona que supuestamente debía amarme no sintió piedad porque el amor se había alejado de su corazón, y además me privó de ver a mis hijos.

Las lágrimas caían de mis ojos cual río caudaloso. No podía creer lo que vivía. Estaba en esa etapa del duelo y todo se proyectaba en mi muro mental. Lo más chocante, veía a mi abuela, aquella mujer divina, consejera y defensora, enfadada, talvez porque no apliqué sus lecciones de vida. Sin embargo, cuando vislumbré en ella una sonrisa, grité: "¡Abuela, socorro, socorro!".

Mi grito de dolor y desesperación la conmovió a ella. No sé si los demás oyeron; eso no me importaba. Quería un amigo, uno verdadero, pues los que consideraba como tales, por quienes sacrifiqué el bienestar de mi familia, me habían dado la espalda. "Yo nunca le haría eso a mi familia", me regañaban, "eso no es problema mío", "no puedo dejar a mi familia para atender tus necesidades", eran sus comentarios, entre otros.

Cuando alguien te hace daño, duele, pero cuando ese daño viene de alguien querido, el dolor es mayor. Ahora solo Abuela podía entenderme en esa taza de café.

Una séptima etapa que quisiera añadir a la escala del duelo es el perdón. Perdonar es importante. El ser humano, debido a razones desconocidas, no sabe perdonar. Es verdad que es difícil cuando la ofensa viene directamente hacia nuestra persona. Por eso perdonar no es humano, sino extrahumano; al hacerlo, la paz retorna al alma.

El perdón es un remedio no para el que ofendió, sino para el ofendido. El único ser que perdona y olvida es Dios.

Imita a Dios y perdona dentro de tu alma. Vive con Dios un día a la vez a pesar de los problemas. Jesús dijo: *"Yo les he dicho estas cosas para que en mí hallen paz. En este mundo afrontarán aflicciones, pero ¡anímense!"* Juan 16:33 (NVI).

No busques a esa persona que te dejó aun con las ganas. Como dice el poema Piu Avanti: "No te des por vencido, ni aun vencido"; muchos han pasado por esa vía y otros pasarán. El maestro Jesús, Hijo de Dios, dijo: *"Yo he vencido al mundo."* Juan 16:33 (NVI). ¡Tú vencerás!

Trabaja en ti. Ámate en ese tiempo de soledad. Invierte en tu persona. Conviértete en tu mejor versión. No busques saber quién es más feliz, eso atraerá el dolor. Vive dichoso, y que tu felicidad no dependa de alguien. Enciende con los amigos tu mecha, pues la alegría es contagiosa, así que busca la compañía de personas felices, y abrígate para que tu luz brille.

Tal vez tu ex te buscará de nuevo; cuando ocurra, sabrás qué hacer. No acudas a las drogas, no cantes música triste ni veas noticias dolorosas. Abraza lo que trae felicidad. Y sobre todo perdona.

Félix Smith Estevez

Te advierto algo, no te cases con una mujer u hombres con hijos; no lo hagas por amor de Dios. No cometas ese error. Se necesita más que amor para lidiar con eso; no seas una víctima como yo. Prepárate para cuando tal situación se presente.

El beneficio del perdón es para sí mimo. Yo decidí perdonar a todo el que me causó daño, como la mujer extraña de Belford Roxo, la bruja con Biblia, que pronosticó sobre mi futura esposa esa palabra que me hizo reír, pues para mí estaba loca, o talvez deliraba porque se avecinaba su día por el cáncer que padecía. Su dicho se tornó en realidad, aunque meses más tarde murió. "¿Aquellas palabras serían un presagio?", me preguntaba dentro de mí.

Yo amaba a mi novia, pero aquello nos separó; maldigo el día que fui a esa iglesia con ella. Desde entonces traté de evitar a toda mujer porque evocaba aquella bruja con Biblia, pero la naturaleza de sus palabras venció; tres años después, el Día Internacional de la mujer, pasó lo inevitable.

Fue así como conocí a la mujer de mi vida. Digo, quien creía que era la mujer de mi vida. Aunque lo era, si no fuera por las súcubas. Con esa mujer me casé y disfruté las mieles del amor conyugal.

El deleite del amor

Al cruzar la puerta, el aroma de su perfume penetró mis sentidos con una ráfaga de sensaciones e imágenes de su cuerpo vestido a la Eva, entre la sabana de flores de un rojo intenso que cantaban el placer excitante de mi amada en la luz de las estrellas de parafina roja.

Recorrí el plástico de su piel centímetro por centímetro e imaginaba acariciar sus cabellos mientras susurraba palabras cariñosas en sus oídos. Solté todo y lentamente fui a ducharme, a despojar del trabajador, al conquistador. La observé, la devoré con mis ojos y fantaseé rociar el lóbulo de su oreja izquierda con la punta de mi lengua, mientras saboreaba el gemido cristalino de voz sensual.

Lamí con frenético baile de cunnilingus su fuente de virtud de dama, mientras tocaba las dos toronjas redondas de su pecho, y poco a poco sentí la vibración sísmica de su ser en una embriaguez de placer, gemidos y gritos de alegría. Así cantaba en el lenguaje del placer mi nombre, a la vez que retorcía su cuerpo.

Al fusionarnos ambos en una sola carne y alma, en una acompasada danza, viajamos a otra dimensión hasta el éxtasis divinal. Con su sonrisa de perla blanca, entreabierta, y su mirada de mil encantos, me abrazaba y sellaba con sus labios los míos y acariciaba mi cuello. Era ella de nuevo mía, y yo de ella, era de nuevo la otra mitad, mi media naranja.

Es de Dios la gloria por permitirnos tal maravilloso regalo de ser uno otra vez, después de tanto tiempo separados. El sexo es una clave importante, sin ello la carencia es notable en el amor; aunque sin él, el amor carece de luz y fuerza. "Airaos, mas no pequéis". Nunca descuides el placer de su relación sexual.

Mientras mejor sea tu vida sexual, mayor será tu estado emocional, por consiguiente, tu felicidad. Evita la rutina. Sorprende a tu cónyuge con golosinas como besos, palabras cariñosas, y siempre cómprale cosas. La mujer es un ser místico, como decía mi abuela, mitad ángel y mitad demonio, y depende de tu elección si quieres ser feliz.

Escoge al angelito y tendrás amor, pero recuerda que existe un solo paso entre el amor y el odio. Sé sabio, pues un paso en falso y te arrepentirás de haberla conocido. No discutas con ella, siempre tiene la razón. La única razón del hombre es amarla hasta poseerla.

La mujer es cómo un niño en cuerpo de adulto. Si le das ternura, ganarás su confianza y amor. Si no lo haces, te odiará y buceará en el océano donde supuestamente había lanzado tus maltratos perdonados, para echártelos en cara.

La mujer, por más debilidad cognitiva que parezca tener, tiene en su naturaleza la virtud de la que carece el hombre más docto; un conocimiento genuino dado por la naturaleza misma. Recuerda, el hombre es etéreo, anda por las nubes, cual avión; ella es térrea, cual controladora aérea, ve en su pantalla todo en el trayecto; y cuando esa mujer está en Cristo, sus dotes son todavía mayores, es la luz que guía al piloto de la nave.

Mi querida esposa ha sido por muchos años esa mujer virtuosa. El orgullo y la vanagloria me llenaron de deseo por querer comer otro pedazo de pizza fuera de ella, por querer tenerla como mueble y empeñarme en adornarla

Félix Smith Estevez

con cosas materiales, olvidándome del deber marital, de mi obligación de acariciar, mimar, pasar más tiempo en su compañía. Hice oído sordo. Sin darme cuenta, adormecí su lado angelical y desperté su lado oscuro, el cual jamás debí resucitar.

"Hay que invertir en personas, no en cosas materiales", expresó Alejandro Bullón. Yo por querer ofrecerle a mi amor lo material, desatendí lo esencial de la pareja, el combustible, el sexo, las caricias, los sobrenombres, los besos antes de salir y al llegar; y sin querer, di el paso hacia el otro lado, el lado oscuro y místico de la mujer que se empeñó en arruinarme por falta de afecto.

Entendí que ella no ama el dinero, solo quiere estabilidad. Estabilidad, afecto, respeto, más sexo (dos, tres veces, a diario) es igual a tranquilidad. Incluyendo a Cristo, la felicidad llega a su plenitud. Un adagio judío dice: "la mujer es la luz de la casa, si es feliz, el hogar es feliz". Haz feliz a tu mujer. Pon eso como meta vital.

El sexo es creación de Dios. Fue idea de Dios crear hombre y mujer, y unirlos por medio del sexo (Génesis 2:24) y está diseñado para proveer placer y satisfacción. Tanto al hombre como a la mujer se les ha dado el regalo de poder experimentar y disfrutar de esa actividad en el matrimonio.

El sexo no solo es una forma de obtener placer; en gran manera refleja afecto. No es solo la penetración, sino los besos y las caricias. Es un elemento fundamental para mantener la unión de la pareja. Aunque no lo es todo.

El sabio Salomón manifestó el poder y los beneficios del sexo (Cantares 4:10). El mundo distorsiona el sexo hasta comercializarlo, pero el plan de Dios no era ese. En su propósito, era algo exclusivo para la pareja ideal, "el matrimonio", la unión de los opuestos; cualquier otro uso es indebido, por ende, atrae dolor.

¿Por qué estaba pasando por esas pruebas y quién me estaba probando?, ¿Era Dios o el diablo? Quería una explicación para satisfacer mis desvelos. Yo a esa altura no creía mucho en nada referente a Dios. Reclamaba hasta mas no poder, en tanto, una voz sutil dentro de mí surgió y me susurró: "ora".

Y comencé a orar, lo hacía pidiendo perdón y clemencia. Dios no permite que seamos tentados más de lo que podemos soportar. Yo sabía eso. Pero no podía ver nada en el horizonte. Sentía que mi oración no pasaba del techo.

Félix Smith Estevez

Comencé a buscar otras alternativas, algunas de dudosa reputación como el ocultismo.

La vida misma, por causa del hombre, trae problemas y cuando llegan asustan, y desfallece hasta el más fuerte. No temas por ello. El salmo 23 dice: "Aunque ande por la senda de muerte, yo no temo nada...". Dios estaba ahí cuando perdí a mi familia, mi trabajo, mis ahorros e inversiones; no lo veía porque la crisis me impedía ver sus manos obrar, pero Él estaba soportando conmigo.

En la voz de un amigo, en la risa de un niño, en la boca de un anciano. Cuando para mí no había solución, Maktub llegaba -estaba escrito-. Cuando ya quería poner fin a mi vida, Dios me dio la pluma de su fuerza y la tinta de la fe para poner una coma debajo, y me dijo: "sigue escribiendo tu historia".

Oh querido lector, en esta vida todos hemos de padecer. Si eres cristiano o no, tendrás tribulaciones y no vienen forzosamente del diablo. Confía en Dios. Confía, aunque todo te salga a revés. Si has luchado sin lograr, si tu mujer dejó la casa, si tu hijo está en las drogas o en la prostitución, si tu hogar o relación se acabó, alza tus ojos y mira, ángeles hay que por ti luchan. Jesús está ahí. Usa tus superojos, los de la fe, que comienzan donde los de la carne terminan. En ello está Dios corrigiendo tu borrón.

Sé valiente y hazlo. Hay muchos suicidas, alcohólicos, porno dependientes, porque no ven. Revisa tu vida, tal vez todo está mal, pero no estás perdido. Hay algo que no has hecho todavía: cierra los ojos, respira profundo y entrégate a Dios, Él resolverá. Hazlo ahora mismo donde estás. El que todo resuelve hará lo que con fuerza humana no podemos.

Cuando el momento de duelo llega, la soledad es abrumadora. No pasa un momento sin que piense en su ex amor. Las frustraciones aumentan, el miedo al futuro, el odio, la culpabilidad, el deseo de tener una barita mágica, cerrar y abrir los ojos, volver atrás y cambiar todo.

En esas circunstancias muchos acuden al alcohol, se olvidan de sí mismos. El peor abandono es cuando tú te abandonas. Mi amor propio, lo perdí. Había perdido absolutamente todo. Este es un error que se debe evitar.

No encontré solución con los tés de yerbas. Los brujos, rocícrucianos, francomaçones, pastores, psiquiatras, me tenían como un caso raro y maldito. Fue entonces cuando decidí, en la poca lucidez que me restaba, creer en aquel

Dios creador. Pasé tres semanas con salmos de penitencia, confesando mis pecados, mis lujurias, mis diabluras.

Yo era amante del placer, la fama y el sexo en extremo. Mi obstinación por llegar a ser un actor de Hollywood, sueño que cada vez se distanciaba de mí, me llevó a tocar fondo. Nunca había probado droga alguna, pero una tentación mefistofélica me atraía.

Llevaba a cuestas seis suicidios fallidos, pero al ser rescatado a tiempo, sentí que alguien o algo no quería que yo muriera, sino que mis ojos fueran abiertos; no los ojos físicos, sino los de mi espíritu. Me decían que el universo estaba en mi contra. Algo había hecho, pero no sabía que era. Talvez eso era la causa de mi mala suerte y desgracia.

No sé, pero mi mal iba empeorando. Esa era mi perdición. Había abusado de lo que Dios reservó para el matrimonio, y cuando no encontraba, me saciaba a solas. Mientras tanto, los espíritus malignos se deleitaban de la energía con el néctar de mis entrañas que derramaba; actos de inmundicia, factor causante de mi escuálida apariencia.

Te digo algo. Nunca te enojes hasta pecar, eso es combustible para los demonios que no pueden comer alimentos para generar energía; la buscan en los pleitos, peleas, enojos y demás, que practicamos a veces sin sentido alguno. *"Airaos, pero no pequéis; no se ponga el sol sobre vuestro enojo, ni deis lugar al diablo."* Efesios 4:26-27 (RVR1960).

Si supiéramos de lo que ellos son capaces al recolectar nuestra energía, no derrocharíamos el néctar sagrado en autosatisfacciones, fornicación o peor, el adulterio. Sin darme cuenta tenía alianza con demonios, yo estaba casado con ellos en mis sueños, en otros planos, cuando mi cuerpo descansaba. Ahí me di cuenta del porqué de las discusiones banales, de los sueños raros, de la finalidad de mis viles adulterios nocturnos.

Venimos a este mundo para crecer y glorificar a Dios, pero hay entidades privadas de esa gracia que seducen a hombres y mujeres para abastecerse. ¡Cuidado! Talvez la desintegración de tu relación puede ser fruto de ello. Los que no vemos son más de los que vemos.

Dios ha revelado todo, es el mundo el que quiere mantenerte en distracción para esclavizarte con virus como lujuria, individualismo, fama, todo lo material, para taparte los ojos a la realidad. Eres un esclavo que se prostituye inconscientemente en beneficios de otros seres.

Félix Smith Estevez

Cuando sientes y sabes lo que hay que hacer para salvar tu relación y no lo haces, es prueba de ello. "No es orgullo", eso dicen para encubrir la realidad. *"Quítense de vosotros toda amargura, enojo, ira, gritería y maledicencia y toda malicia."* Efesios 4:31 (RVR1960).

Cuando aprendes a vivir con la luz, tu cuerpo vibrará en otra frecuencia: la divina, y someterá a la materia. *"Antes sed benignos unos con otros, misericordiosos, perdonándoos unos a otros, como Dios también os perdonó a vosotros en Cristo"* Efesios 4:32 (RVR1960). Recuerda, tú no eres de este mundo, sino que estás en una misión, cúmplela. No lo intentes, hazlo.

Ama a Dios y ama a tu mujer, a tu familia, a tus hijos. La familia, después de Dios, es lo más importante, es el núcleo de la sociedad. En ella la mujer es la luz y puerta del paraíso en la tierra; la mujer física, tu cónyuge, no me refiero a los demonios nocturnos que se presentan como siluetas humanas para destruirte, y cuyo paraíso de encanto es la fuente y puerta al mundo material que vivimos.

Cada 8 de marzo es doblemente importante para mí. Fue el día en que en las nubes encontré a la madre de mis hijos.

No puedo ser más dichoso. Siento que el mundo entero cada año festeja conmigo.

Ese día, en honor a las mujeres, la primera letra de McDonald en los países anglófonos se transforma en una imponente (W) de "women". Los regalos, las flores, los pequeños detalles que hacen feliz a tu amor, no son solo para las mujeres. Mujer es más que un cuerpo de trazos refinados, de curvas y sensualismo; es un principio en el universo. El hombre tiene parte de ese principio en su interior.

El 8 de marzo es para mí el Día Internacional de la Womenidad, si no de la humanidad. Atrae con entidad magnética los cuatro puntos cardinales. Mujer comienza con la letra sagrada "M". No es casualidad que en el alfabeto judío la decimotercera letra es "mem" cuyo valor numérico es 40, asociado con 4, un número significativo en el mundo entero. Por ejemplo, las estaciones del año y los tipos de amor.

La mujer es más de lo que vemos; es el agua con la que los científicos crean electricidad, es la tierra que multiplica nuestras semillas. El cuerpo de la mujer es apenas lo superficial, ella toda es un encanto majestuoso.

Félix Smith Estevez

Ser mujer es un principio fundamental en el universo. Su letra en inglés es la que divide en dos mitades las 26 de su alfabeto. ¿Te has fijado que mujer en inglés es como una M hacia arriba? También es la letra con la que comienza "matrimonio". El mundo está lleno de códigos que solo los escogidos comprenden.

Ama a tu esposa, así como Cristo amo a la iglesia que se entregó Él mismo por ella. Por eso perdoné a mi esposa para vivir feliz. Esta vez hasta que Cristo venga, y no hasta que la muerte, el divorcio el dinero nos separe. Recuerde que el dinero puede provocar una sensación tan parecida a la felicidad, que requiere un especialista muy avanzado para verificar la diferencia. Tenerlo es bueno en gran manera pero no permite que te separe.

Que nada ni nadie en este mundo destruya jamás tu santo grial, que es tu matrimonio. Ni padres, obispos, abuelas, padres, madres, amigas, hermanos. Ni perros ni gatos. Nadie. ¡Que viva el amor! Entonces y solo entonces podremos decir: "¡Hagamos el amor y no la guerra!". El divorcio es una guerra fría, hipócrita y estúpida; no caigas en él.

El dinero es para salvar vidas, salvando vidas se despierta el amor, el don precioso y angelical que Dios no dio. Amémonos los unos a los otros. Trabaja para tu pan, haz feliz a cónyuge, sobre todo sexualmente, de ahí depende tu felicidad emocional, sin que eso signifique depender de otro para ser feliz.

Siembra amor y el odio cesará, siembra amor y tendrás paz, no hay amor sino de Dios. Sé un ejemplo para seguir en tu casa y comunidad, cambiará después tu ciudad, tu país, el continente, el mundo.

Para que tu relación tenga victoria debes saber de geometría. En la escuela no era fácil pensar en seno, coseno, tangente, etc. Yo mismo llegué a odiar algunos maestros que lo enseñaban, porque no sabía para qué caramba nos esforzaban en entender aquello.

Hoy día me doy cuenta de que la vida sin ese conocimiento sería difícil: los transportes aéreos, marítimos y terrestres, todo, hasta nuestros dispositivos. Querido lector, déjame decirte que el éxito de toda pareja en el matrimonio está en la aplicación de la trigonometría. Desde ese ángulo traumático puede que nazca tu felicidad.

Félix Smith Estevez

No hay fracaso para los que entienden sus verdaderos propósitos y misión en esta vida. El gran maestro Jesús dijo: *"Nunca leísteis en las escrituras – refiriéndose a salmos 118:22-23 – la piedra que los edificadores desecharon, ha venido a ser la cabeza del ángulo. El Señor ha hecho esto, y es cosa maravillosa a nuestros ojos?"* Mateo 21:42 (RVR1960).

La base, el principio del matrimonio duradero, es el Triángulo Perfecto (TP). La geometría dice que triángulo es un polígono regular cuyos tres lados son iguales. Lo que la geometría euclídea tradicional llama equiángulas, que quiere decir tres ángulos internos iguales.

¿Qué tiene que ver con la relación entre un hombre y una mujer? Todo. A veces nuestra victoria está en lo que rechazamos, y por ignorancia, o por no prestar atención a los detalles, perdemos grandes beneficios.

Toda pareja que triunfa es porque su base está fundamentada en el triángulo perfecto, cuyos tres ángulos son iguales. No es algo místico ni secreto, es discreto; lo sabemos, pero no lo aplicamos. Es el dilema, no hacer lo que debemos. Sabemos que debemos dejar los dulces, el alcohol, la envidia; sin embargo, no lo hacemos.

El respeto, el sexo y la comunicación son el triángulo perfecto. En el centro, arriba, está Dios, abajo tu trabajo. Toda la energía sustentable de la relación está en el centro, que une a esos tres extremos en un ciclo vital. Si falta solo uno, ya no es matrimonio, es una manada. Es por ley natural.

El principio estructural del agua es H2O: dos moléculas de hidrógeno y una de oxígeno. Con el menor cambio, ya no es lo mismo. ¿Entiendes por qué mi abuela decía: "en la mujer hay un solo paso entre su fase angelical a su demonio?"; el agua da vida, pero también ahoga y quema.

No sé en qué está basada tu relación, tu matrimonio, mi amado lector. Al buscar de Dios y sus principios, la vida cambia, recuerda que Él no ve las cosas como nosotros. En su matemática 1+1=1: un hombre y una mujer casados es una sola carne.

Si lo amas a Él, guarda sus principios, pero si das un paso en falso, no lo amas, ya que guardar sus diez principios es prueba de amor. *"Si fallas en uno es como si no hubieras hecho nada".* Santiago 2:10 (RVR1960).

El fracaso mío no fue por no saber de seno y coseno… Yo había hecho todo lo malo, menos matar y robar. No fue porque no sabía de ese triángulo perfecto del matrimonio, lo sabía; pero mi orgullo no me dejaba hacer lo correcto. El orgulloso es como un ciego que maneja a toda velocidad en la autopista de la vida; tarde o temprano se accidentará.

No tenía humildad y la arrogancia acariciaba mi carácter, tornándolo débil, me airaba y me ofendía por cualquier cosa. Cuando Ramón, mi amigo, hablaba de ello en su conferencia, reía cuando decía que nos evaluáramos en un gran triángulo.

El propósito del ejercicio de devolverte a tus clases de geometría, era también mostrarte que no olvidamos nada. Todo está en nuestros recuerdos. Muchos traumas del aquí y ahora tienen sus raíces en algún momento que vivimos. Si podemos viajar hasta cuando ocurrió, podemos sanar nuestra afección emocional.

Yo soy actor, no geólogo. Lo mío era interpretar la vida cotidiana en el arte, trabajar con las emociones, que debía dominar a la perfección en la ficción porque ensayaba. Lo triste es que en la vida real no son permitidos los ensayos. Todo error es un fracaso y se paga aquí y ahora. Aprender de ello a veces cuesta tiempo, dinero y salud, como con el síndrome de la pasta dental mal usada.

Un matrimonio sin uno de sus pilares no es perfecto. Mi abuela decía: "un fogón tiene piedras, si falta una, las otras dos son inservibles". Mira que ella no sabía de trigonometría, había aprendido eso de la naturaleza. Hay que poner y unir con urgencia el pilar faltante. Debe ser el pictograma de la pareja.

Cuando termina el tiempo de enamorarse, de luna de miel, aparecen los problemas, y comienza el amor verdadero, el que juramos ante el Dios y el poder civil, o queremos correr al divorcio.

El sexo es importante, tanto que sin ello el matrimonio se arruina en un estornudo. La falta de respeto es un virus de inmunodeficiencia, tarde o temprano producirá la muerte si no se trata. La falta de comunicación trae comparación; esta entra por la puerta del amor y sale por la ventana.

Conozco casos de parejas con mucho poder adquisitivo que se cansan porque el hombre no es funcional fisiológicamente; su miembro no erecto lleva al divorcio. Antes de casarte es necesario conocer bien a tu cónyuge.

Félix Smith Estevez

Repito, antes de casarte, conoce bien a tu cónyuge, abre tus ojos, después ciérralos.

En ese triángulo hay otro igual: fe, conciencia y perseverancia. Si tu par tiene la misma fe, ganas un 30 por ciento, si tiene conciencia de estar en una relación contigo, otro 30 por ciento, y si tiene perseverancia, un 30 por ciento más. Lo restante es meta en común.

"Los muchachos se fatigan y se cansan, los jóvenes flaquean y caen; pero los que esperen en Jehová tendrán nuevas fuerzas; levantarán alas como las águilas; correrán y no se cansarán; caminarán y no se fatigarán, mas los que esperen en Jehová tendrán nuevas fuerzas. Correrán y no se cansarán." Isaías 40:30-31 (RV1960).

Dios es el Dios de lo imposible. Él hace camino donde no hay, abre puertas que nadie puede cerrar. Los milagros que hizo en el pasado los puede hacer por ti hoy. Cree en ti que puedes creer en Dios. La vista de la fe comienza donde la física termina. Y cuando Él manda a bendecirte, hasta el diablo obedece.

Imitar a Cristo en su trato con las demás ha sido mi solución. Imitar a Dios que ama tanto al hombre que se sacrificó Él mismo, ha sido mi luz.

Félix Smith Estevez

Querido lector, finalizo dándote un consejo. Tal cual el otoño invernal canadiense azota a los árboles, así las adversidades azotan las parejas, tristemente pierden el amor como los árboles sus hojas. Esa separación no es fácil, es el desgarre del alma.

Cada árbol, al sentir la despedida de sus lindas hojas, se siente triste, llora, pero en su instinto natural sabe que no hay mal que dure cien años, ni cuerpo que lo resista. "Maktub", estaba escrito. Tenía que ser así. Es parte del crecimiento vital y espiritual.

La pareja al separarse es como esos árboles, pero a diferencia de los humanos, estos no se drogan ni beben alcohol, se concentran en sí para guardar sus energías hasta que termine el mal momento, porque saben que pronto pasará. Se mantienen conectados en sus redes sociales de árboles, sin reclamar.

La vida es una escuela donde debes aprender y pasar las pruebas con honestidad. Confía en ti, en poder creer en lo que no ves, en Dios, para quien nada es imposible.

Cruza tus etapas sin trampas y crecerás, lucha por tu felicidad. La felicidad es la satisfacción de ser. Esa satisfacción está en la plenitud de la comunión con el Creador de todo. ¡A Él la gloria! ¡Amén!

La reiniciación que cambió mi vida

Quien ama se sacrifica. Todo sacrificio es un acto de voluntad. Si yo quería una vida mejor, tenía que sacrificarme algo para alcanzar lo mejor. Tomé la decisión de reiniciarme mi vida. Advierto, lo que expuesto aquí como formula ni recomendación. Escucha lo que dicta tu corazón; no lo hagas sin asistencia de alguien.

Mi sacrificio consistía en un ayuno por siete días. Me duchaba con un baño de hoja de laurel antes de leer salmos 35, 91 a la media noche. A partir de ahí, sin alimento ni agua, hasta las 6 de la tarde. Tres lecturas, oraciones y meditaciones. Media noche, medio día y a las 6 de la tarde. A esa hora leía dos veces ambos salmos y oraba y hacia mi petición. Después tomaba suficiente líquido, mucho alimento hasta la media noche, y repetir el ciclo durante siete días consecutivos.

Para el día 8 empleé la lectura de los salmos 6,7, 20 y 65 tal cual mencionado en capitulo anterior. Fue así como mi llegó el cambio a mi vida. Este libro no es responsable del uso de tu ayuno ni las consecuencias que ese método pueda traer a tu cuerpo. Consulte tu médico. Reitero no somos responsable del uso de ese ayuno. Para mi funcionó, pero no significa que va a ser igual, usa tu corazón.

Te agradezco por contribuir con la compra de ese libro. Compra y regala también a otros. Tu inversión es una contribución para un mundo mejor. Hay más bendiciones para quien da, que para quien recibe. Cuando siembras el maíz, espigas recibirás. Es un principio.

Un dólar irá en ayuda a mujeres, hombres, huérfanos y ancianos en necesidad. *"Bienaventurado el que piensa en el pobre; en el día del mal, el Señor lo librará."* Salmos 41:1 (RVR1960). Desde niño aprendí esa lección.

Créeme, yo estoy vivo por la gracia de Dios, su reino y sus habitantes. Hoy por aportar conmigo para un mundo mejor solo me resta agradecer. ¡Ahora anímate, esfuérzate por lo que nunca quisiste hacer! **¡NO LO INTENTES, HAZLO!**

Félix Smith Estevez

RECURSOS DE BÚSQUEDA EN LÍNEA

https://pepsic.bvsalud.org

https://www.culturagenial.com/

https://puedjs.unam.mx/goooya/eros-y-agape-el-amor-en-griego/

https://www.etymonline.com/es/word/*leubh-

https://www.noupertres.com/4-tipos-amor-segun-los-griegos/

https://fb.watch/mnmt4wc_cE/?mibextid=ETuwtR

https://psicocode.com/pareja/los-7-tipos-de-amor-cual-es-el-tuyo/
Www.significados.com/mássabeeldiablo-el-por-viejo-que-pordiablo

https://www.instagram.com/reel/CuUGI6kg8TJ/?igshid=YTUzYTFiZDMwYg==

https://www.facebook.com/reel/1658925577946362?mibextid=6AJuK9&s=chYV2B&fs=e

https://www.instagram.com/reel/Ct4MX6_Njad/?igshid=YTUzYTFiZDMwYg==

https://www.youtube.com/live/Pz-DWnqy_VM?feature=share

FUENTES BIBLIOGRÁFICAS

Ps. Alejandra Zuleta "Responsabilidad afectiva en la relación de pareja",

Charles Simeon "Poder para creer y esperanza de vida",

Dale Carnegie. "Cómo ganar amigos e influenciar sobre ellos",

Ediciones Mirbet "Poder mental para triunfar desde adentro",

Enrique Rojas "El amor inteligente",

Francesc X. Gelabert "¿Se puede creer en la Biblia?",

José Silva "El Método Silva para obtener ayuda del otro lado",

www.ingramcontent.com/pod-product-compliance
Lightning Source LLC
Chambersburg PA
CBHW071944110426
42744CB00030B/286